コロンビア大学准教授ほか
名医11名が教える

症状で見分ける
家庭医学
事典

重症度の判定法と対処法

福井次矢（聖路加国際病院院長）監修
マーク・アイゼンバーグ　クリストファー・ケリー 著 ／ 府川由美恵 訳

文響社

監修者まえがき

福井次矢（聖路加国際病院院長）

どんなに日頃から健康管理に気を遣い、病院で定期的に検診を受けていても、体に思いもよらぬ不調や痛みが突然生じることは、誰にでもありえます。たとえば、急に吐きけがするほど強い頭痛が襲ってきたとしましょう。まずは、落ち着いて様子を見るべきでしょうか？　近くの病院に行って診察を受ける？　それとも、思いきって救急車を呼びますか？

本書は、そんな想定外の事態が自分や身近な人に起こったときに備え、正しく状況を判断し、冷静に対処するための医学実用書です（原書タイトルは『AM I DYING!? A Complete Guide to Your Symptoms and What to Do Next』）。著者は、全米屈指の病院である、コロンビア大学付属NYプレスビテリアン病院に勤務する二人の医師です。頭痛、セキ、腹痛など、誰もが一度は経験するであろう症状から、頭部の外傷や血尿など、突然起こったら気が動転してしまうかもしれない症状まで、全身のあらゆる症状を網羅しています。

もし頭痛で医師の診察を受けるとき、それがどんな痛みなのか、いつから続いているのか、どういうときに痛むのかなど、頭痛の詳細を医師に聞かれると思います。つまり、頭痛とひとくちにいってもさまざまな種類があり、医師は詳細を知ることで、頭痛の種類を推測し、その患者にとって最適な治療方針を検討するのです。

　本書もまた、症状のあらゆるケースを想定し、「落ち着いて対処すればいいケース」「診察を受けたほうがいいケース」「救急外来を受診すべきケース」の三つのレベルに分類しています。そして、それぞれのケースに応じた具体的な対処法が紹介されています。もし、自分の症状に合致するケースが見つからなかったら、自己判断をせずに病院に行き、医師の診断を仰ぎましょう。

　本書では、病気の対処法の一つとして薬物療法を紹介するケースがあり、そのさいに具体的な薬剤名を記載することがあります。ほかの薬との相互作用やアレルギーなどが心配な場合は、医師や薬剤師に相談してから服用することをおすすめします。また、アメリカ人の医師によって書かれた内容ですが、日本語版である本書では、日本で使用されていない薬は割愛し、日本で使用されている薬の一般名および商品名のみ記載しています。

　新型コロナウイルスの感染により多くの人が命を落としたことからもわかるように、医療技術がめざましく進歩している今の時代にあっても、ウイルスやがんなどによる致死リスクをゼロにすることはほぼ不可能です。病気にかからないための予防も大事ですが、「あれ、おかしいな」と思ったときの判断と対処のしかたが、その後の生死や健康状態を大きく左右します。

　本書を読んで病気や健康に対する不安が少しでも払拭され、読者のみなさんが明るい未来を描くことができればと願っています。

コロンビア大学准教授ほか名医11名が教える
症状で見分ける家庭医学事典 重症度の判定法と対処法◉目次

第1章
頭と首

第2章 胸と背中

第3章 腹

第4章 女性の器官

第5章 男性の器官

第6章 トイレでのトラブル

はじめに

マーク・アイゼンバーグ（コロンビア大学医療センター准教授）、
クリストファー・ケリー（コロンビア大学付属ＮＹプレスビテリアン病院循環器内科医）

患者が本当に答えをほしがる疑問はただ一つです。夜の間うつうつと悩まされ、ここ何年かで初めて診察の予約をすることになったのも、その疑問のせいです。妙な症状ではあるものの、たぶんなんでもないのに「なんでもなくなかったらどうしよう。何か深刻な病気の初期症状だったら、もしかして自分はまずいことになるんだろうか？」という気持ちが無視できずにいるのも、その疑問のせいです。

「自分は死ぬんだろうか⁉」

もちろん答えは……その通りです。誰でもいつか必ず死ぬと決まっています！

本当に知りたいのはこれでしょう。

「自分は、思っていたよりも早く死ぬんだろうか？」

幸い、たいていの症状は、たいした問題ではないと判明します。ただ、ときどき、頭痛がただの頭痛ではなく、実は命をおびやかす病気（たとえば脳出血）の兆候だったということはありえます。真夜中ともなると、恐ろしい病気の可能性がわずか１％だとしても、それが98％にも思えてきたりします。死につながるかもしれない病気を無視したい人はいません。

さて、何か症状が出たときはあわてるべきでしょうか、冷静になるべきでしょうか？　本書は、最も一般的な症状について解説し、次のステップの指針を提供します。病院に行かずに寝ていて大丈夫？　診察の予約の電話をかけたほうがいい？　それとも急いで救急車を呼ぶべき？

もちろん、自分の症状をネットで調べてもかまいません。「鼻づまりはがんの兆候だ」と書かれていた？　それはお気の毒です。読み手をわざとパニックに陥れ、あちこちをクリックさせ、奇跡の「治療薬」に大金を出させようとするウェブサイトはたくさんあります。

しかし私たちは、ありのままのことをお話しします。私たちの家族に対してと同じように、読者のみなさんにもアドバイスを提供します。

当然のことながら、一冊の本ですべてのシナリオを網羅することはできませんし、あなたの状態にぴったり当てはまるものが本書にはないかもしれません。疑問があれば医師に聞きましょう。

また、特に明記しないかぎり、本書は全般的に健康な成人の読者向けで、自分の症状に関して直接的な診断を受けたりしていないことを前提にしています。2週間前に心臓の手術を受けたばかりで、強い胸の痛みが起こったら、すぐ主治医に電話すべきです！　もしあなたが12歳のお子さんなら、子どもや思春期の若者の症状は本書ではあまり扱っていないので注意してください。それと、本書に記載されている薬にアレルギーがある場合、その薬は服用しないでください。

本書のアドバイスが役に立ち、読者のみなさんに必要な助け（または安心感）を与えられることを願っています。

AM I DYING!?

第1章

頭と首

頭痛

編集／マーク・アイゼンバーグ（コロンビア大学医療センター准教授）、クリストファー・ケリー（コロンビア大学付属NYプレスビテリアン病院循環器内科医）

長い1週間の終わりになると、あのおなじみのズキズキした感覚がやってきて、コーヒーも効かなくなり、ついには動けなくなる。そのつらさは誰にでもわかると思います。ひどい頭痛になると、こう問いかけたくなってきます。「こんな最悪の1日ってある？」

でも、もしこの頭痛がいつもと違うものだったら？　もし厄介なものだったら？　上司やパートナーや子どもたちのせいで、いつか血管が切れそうだといっているうちに、本当に脳の動脈瘤《りゅう》が破裂してしまったとしたら？

パニックになる前に、落ち着いて事実を見直しましょう。ひどい頭痛で救急外来に向かう人はたくさんいます。実のところ、救急外来患者のうち、50人に1人は頭痛による受診です。それでも大半は回復しますし、あなたも（おそらく）回復するでしょう。

でも、本当にそう？　頭痛が潜在的な疾患《しっかん》の最初の兆候になることもありますし、それが生命をおびやかすものではないとはいいきれません。また、くり返し再発するつらい頭痛でも、正しい治療をすればよくなるケースもたくさんあります。では、医師に診てもらうべきタイミングはどこで判断すればいいのでしょう？

レベル1 落ち着いて対処すればいいケース

▼ひたいや顔のあたりが痛み、発熱や鼻水などのカゼの症状がある

鼻の片方の穴が粘液で詰《つ》まり、腫《は》れて鼻もかめないような状態になっているのではないでしょうか。温かい蒸気を吸い、粘液を少しずつ排出してみるといいでしょう。勇気があれば、じかに鼻うがいをして鼻詰まりを解消しましょう（知り合いの前でやるのはあまりおすすめしませんが）。

最後の手段としては、イブプロフェンを含む薬と一緒に、プソイドエフェドリンかフェニレフリンなどの成分を含む充血緩和薬を投与するといいと思います。痛みがさらにひどくなったり、1週間以上も長引くようなら、抗生剤が必要かもしれないので、医師の診察を受けてください。

▼発熱、体や筋肉の痛み、のどの痛みなどがある

おそらくインフルエンザの症状でしょう。残念なことに、インフルエンザ・ワクチンは絶対的な予防法ではありません。症状が始まったのがここ3日以内なら、オセルタミビル（商品名〈タミフル〉など）を医師に処方してもらうと、早めに回復するかもしれません（治療開始が遅れる

ほど効果も弱まります）。それ以外の最善の対処法としては、休養し、大量の水分をとり、アセトアミノフェン（商品名〈タイレノールA〉など）を服用しましょう。

▼最近コーヒーをやめた

自分が「禁断症状」の診断を受けるなんて、普段は考えたこともなかったのでは？　カフェインはしばしば頭痛の薬になりますが、いきなりやめると禁断症状の頭痛を引き起こすことがあります。イブプロフェンを含む薬など、鎮痛薬の助けを借りて乗りきりましょう。

▼頭の周囲が帯状に痛むものの、休養を取り、アセトアミノフェンを含む薬でよくなる

最も一般的で危険が少ない頭痛、**「緊張型頭痛」**の典型的な症状です。「緊張型」と呼ばれる理由は二つあります。一つは、頭の周囲に緊張状態や圧力を感じること。もう一つは、日常生活での緊張感（ストレスや睡眠不足）のせいで頭痛が起こるということです。生活に支障が出るほどひんぱんに起こらないかぎり、特に医療処置の必要はありません。

▼不快だが耐えがたいというほどではない頭痛が、じわじわとやってくる。ほかの症状はない

頭痛の中には、特定のパターンには当てはまらないものの、警戒すべき症状もないというタイプの頭痛があります。鎮痛薬と大きめのコップに入れた水を飲み、静かな部屋で横になりましょう。薬が効くまで少なくとも1～2時間は待ちましょう。すぐよくなるはずです。

痛みが悪化しつづけたり、周期的にやってくるという場合は、次の「診察を受けたほうがいいケース」も読んでみてください。

レベル2 診察を受けたほうがいいケース

▼以前にはなかったひんぱんな頭痛、強い頭痛が起こるようになった

強いストレス、睡眠不足、カフェイン摂取の急減などにより、普段は頭痛持ちでない人にも頭痛が起こることはあります。明らかな原因がなければ病院に行きましょう。頭痛のパターンによっては検査が必要かもしれません。50歳以上、もしくはＨＩＶ（ヒト免疫《めんえき》不全ウイルス）感染や化学療法などによる免疫力低下がある人は、深刻な問題を抱えているリスクがさらに高くなります。

▼ズキズキと痛む頭痛がときおり徐々にやってきて、吐きけを伴ったり、光や音に過敏になったりする

典型的な「**片頭痛**」の症状です。かなりつらい痛みになることもありますが、通常は危険はありません。男性よりも女性に多く、20~30代くらいで発症します。頭の片側だけに痛みを感じることが多いです（例外もあります）。特定のきっかけ（たとえばストレスや空腹、強い臭い、悪天候など）によって起こります。片頭痛が起こる直前に、妙な臭いや閃光《せんこう》など、頭痛の前兆となる感覚がやってくる人もいます。

もし自分の症状が片頭痛だと思ったら、医師に診断してもらい、正しい治療を受けてください。たまに起こる程度の片頭痛は、アセトアミノフェン（商品名〈タイレノールA〉など）か、イブプロフェンを含む薬などで治療するのが普通です。こうした薬は、頭痛（またはその前兆）が始まったらすぐに服用することが大事で、遅れると効きめも低下します。よりひんぱんな頭痛やひどい頭痛が襲ってくる場合は、スマトリプタンを含む薬が必要になってきます。かなりひんぱんな片頭痛があるなら、症状の予防（治療だけではなく）として薬を服用するようにしましょう。

▼片方の眼窩《がんか》に釘でも打ち込まれているような痛みを周期的に感じる。痛みと同じ側の目が赤く腫れる、鼻が詰まる、鼻水が出る、ひたいが熱く汗ばむといった症状もある

この地獄めぐりのような症状は「**群発頭痛**」と呼ばれ、周期的に、ときには1日何度もくり返されることもあります。この場合、自分でなんとかしようとは思わないでください。また、症状の原因になっている腫瘍《しゅよう》がないか調べるため、脳のスキャン検査も行うことになると思います。

▼50歳以上の人で、髪をとかすと頭皮が痛み、2〜3分何か噛《か》んだだけでもあごが疲れてしまう

側頭部の動脈に異常や狭窄《きょうさく》が起こる、「**巨細胞性動脈炎**」の可能性があります。頭痛、頭皮過敏、噛んだ後のあごの疲労、視野の変化や欠損などが主な症状です。診断や治療が遅れると、視野の欠損が戻らなくなります。できるだけ早く病院に行きましょう。

レベル3 救急外来を受診すべきケース

▼話す言葉が不明瞭になったり、腕や足、顔の側面などに力が入らず麻痺《まひ》した感覚がある

脳の急激な血液欠乏によって起こる「**脳卒中**」の疑いがあります。できるだけ早く病院に行ってください。医療業界では、脳卒中になったら「時は脳なり」といわれます。急いで病院に行けば、緊急の薬剤投与で脳内の血流を改善させることができます（まだこのページを読んでいるあなた、早く病院に行ってください！）。

▼ふらふらして何かがおかしいと感じる

頭痛以外に、錯乱、過剰な眠け、性格の変化などが起こっていると、感染症、腫瘍、出血によって脳に強い圧力がかかっている可能性があります。どのケースも緊急処置が必要です（ただし、まったく正当な理由で眠けを最初に感じ、その後頭痛になったのであれば、単なる緊張型頭痛と思われるので心配はいりません）。

▼発熱し、首も痛い

「**髄膜《ずいまく》炎**」と呼ばれる脳の感染症が、高熱、頭痛、首の硬直や痛みを起こします。明るい光に過敏になることもあります。すぐに抗生剤で治療しなければ、発作や昏睡《こんすい》状態を引き起こし、死につながります。また、伝染力も高いので、救急車に乗るときに別れのキスなどはしないでおきましょう。

▼急激な勢いで頭痛が襲ってきた

2～3分で無症状から激しい頭痛に至るのは、「**雷鳴頭痛**」と呼ばれる症状です。脳内出血など、深刻な問題が急速に進行している兆候であることがしばしばです。救急外来ですぐに脳のスキャン検査を受けてください。

▼頭を激しく打った

頭を打ちつけた後、頭痛がひどくなった場合、「**脳震盪《しんとう》**」もしくは脳出血などの命に関わる問題が起こっている兆候かもしれません。詳しくは「頭部の外傷」（58ページ）を参照してください。

▼運動しているときに頭痛が始まった

ジムで張りきって運動した後で、急にアイスピックを顔に刺されたような感覚を覚えたときは、頭か首の血管に負荷がかかって破裂した可能性があります。普段ほとんど運動をしていない人の場合、ランニングマシンで走る程度の軽い運動でも起こる場合があります。脳内で出血を起こせばすぐにでも死につながるので、今すぐ救急外来で精密検査を受けてください。

▼セックスの間、またはその後で頭痛が始まった

性行為の間に爆発的に激しい頭痛が始まったときは、礼儀正しく相手に延期を申し出て、服を着て救急外来に向かってください。運動と同じで、セックスは脳の血管を破裂させ、突然の激しい痛みを引き起こすことがあります。また、セックスの最中に軽い頭痛が徐々に起こり、絶頂に近づくにつれて悪化した場合は、救急外来は必要ありませんが、2～3日のうちに医師の診察を受けるべきです。腫瘍やそのほかの異常が症状を引き起こしている可能性があり、脳のスキャン検査が必要になることもしばしばです。

▼片方もしくは両方の目の視野がぼんやりとしている

頭痛と視野のかすみを引き起こす原因はいくつかあります。どれもほとんどが緊急の処置を要します。脳にかかる圧力が強まると、目とつながっている神経を圧迫し、視野がかすむことがあ

ります。前述したように、目や頭部に血液を供給している動脈が詰まったときも、視野のかすみ、頭痛、頭皮の過敏（髪をとかすと痛む）、噛んだ後のあごの疲労などが生じることがあります。「**急性緑内障発作**」（眼球内の房水の循環に問題が生じる疾患）も、視野のかすみ、目の充血、ひどい頭痛につながります。まれに片頭痛も頭痛の前や最中に視野の欠損を起こすことがありますが、片頭痛の病歴がある場合を除き、視野の変化を伴う頭痛は必ずすぐに診察を受けてください。

▼同居人も特に理由なく頭痛を発症している

一酸化炭素は発生していませんか？　すぐに窓を開けるか外に出てください。一酸化炭素は臭いも色もありません。自宅のガス管から、あるいは閉めきったガレージでエンジンをかけっぱなしにした車からもれてきて、家の中を満たしてしまうこともあります。一酸化炭素中毒は、頭痛、錯乱、吐きけ、息切れを引き起こし、最後は死につながります。処置としては、純酸素の吸入により、血中から一酸化炭素の除去をうながします。重度の中毒の場合は、純酸素を高圧で送り出す特殊なガラスタンクに入って処置しなければなりません。

疲労

編集／マーク・アイゼンバーグ（コロンビア大学医療センター准教授）、クリストファー・ケリー（コロンビア大学付属NYプレスビテリアン病院循環器内科医）

風を切って飛ぶ弾丸よりも速く動きたい？　高い建物もひとっ跳びしたい？

いつもスーパーヒーローみたいな気分でいることはできません。要求されることの多い生活をしていれば、毎晩きっちり8時間眠ることは難しいでしょう。手際の悪い上司のせいで、無理をしなければならないこともありますし、夜泣きする子どもをひと晩中あやさなければいけないことだってあるでしょう。

それとも、特に理由もないし、十分な睡眠も取っているのに、四六時中疲れを感じることがある？　何年か前までと違う感じがする？　そういった感覚は正確な説明が難しいのですが、人はよく「くたびれた」「消耗した」「弱った」「集中できない」といった言葉を使います。つまり、自分ではないみたいだと。症状が6ヵ月以上続くようなら、慢性の病気かもしれません（ただし、慢性的な疲労があるからといって、必ずしも慢性疲労症候群と呼ばれる特定の疾患《しっかん》とはかぎりません）。

もっと質のいい睡眠が必要なだけ、という可能性もあります。潜在する疾患が活力を奪っている可能性もあります。さて、新しいマットレスと徹底した精密検査、どちらが必要でしょうか？

レベル1 落ち着いて対処すればいいケース

▼つねに眠い

本当に十分な睡眠を取っていますか？　同僚がひと晩延べ6時間の睡眠で持ちこたえているからといって、誰にでもそれができるとはかぎりません。ほかの人間より長く眠らないと、最大限の能力を発揮できないという人はたくさんいます。1～2週間の休暇、つまり睡眠不足を埋め合わせられる期間の終わりごろには症状が改善しているのであれば、普通に働いているときももっと睡眠を取れるスケジュールを組む必要があると思ってください。

▼エネルギーが不足している

極端なダイエットを始めたばかりではありませんか？　いきなり炭水化物などの主食を完全にやめたりしましたか？　体の能力を最大限に生かせるだけのカロリーが、足りていないのかもしれません。もともとかなりやせているなら、燃焼のためのたくわえがあまりないのかもしれません。極端なダイエット（カロリーの大幅減）や、絶食と大食いをくり返す食生活（夜になるまでは食べない、2日おきにしか食べないなど）は、エネルギー供給を不安定にし、消耗しやすくなります。体重を減らしたいなら、1日の食事全体からの現実的なカロリー減（通常の10～20%減）を目指すようにしましょう。

▼自分をもっと駆り立てる必要がありそう

定期的な運動をあまりしていないと、体が低エネルギーモードに陥ってしまうことがあります。少なくとも1日30分は、速歩で歩くかジョギングをする時間を取るようにしましょう（週に5回以上が理想です）。

▼寝酒を飲んでいる

アルコールは眠りを誘ってくれますが、鎮静効果が薄らぐにつれて目が覚めてしまいます。排尿も増えるため、脱水症状を起こしたり、ひんぱんにトイレを行き来することになります。翌朝明らかな二日酔いになることはなくても、低速ギアの状態からは抜け出せません。飲酒はできるだけ1～2杯に控え、特別な場でも3杯以上は飲まないようにしましょう。

▼睡眠薬を服用している

睡眠薬の効きめは通常は長く、ひと晩中ぐっすり眠る手助けにはなりますが、服用が遅すぎると翌朝まで効果が長引きます。睡眠薬を服用するなら、まず床につき、起床時刻より8時間前には服用しましょう。自力で眠ろうとして眠れなかったときに薬を服用するなら、医師に効きめの短い薬を処方してもらうことです。詳細は38ジペーの「ちょっと診察」を参照してください。

▼薬による疲労感の可能性がある

抗ヒスタミン薬（アレルギー治療）、鎮痛薬、抗不安・抗うつ薬、一部の血圧の薬（とりわけβ遮断薬《ベータしやだんやく》）などの薬は、疲労を引き起こすことがあります。最近体重が減ったと感じたら、薬の投与量を減らす必要があるかもしれません。医師と一緒に処方計画を見直しましょう。自分で勝手にやめたり、量を変えたりしてはいけません。

レベル2 診察を受けたほうがいいケース

▼自分の人生や将来に明るい見通しが持てない

うつ病は、全身疲労、いらだち、日常生活に対する無関心、集中力の欠如、食欲や体重の変動、性欲の喪失、睡眠障害など、さまざまな症状の要因となることがあります。忘れないでほしいのは、完璧な人間でさえ、うつになるということです。自分がうつ病ではないかと感じたら、どう治療すべきか医師と話し合いましょう。治療すれば生活の質も大きく変わるはずです。

▼隣人からいびきがうるさいと苦情をいわれてしまった

「**睡眠時無呼吸症候群**」は、眠っている間にのどが周期的に閉塞《へいそく》して起こる疾患です。うるさいいびきと短い呼吸停止状態が生じ、目が2～3秒覚めます。文字どおりひと晩に何百回と目を覚ますのですが、翌朝にはその記憶はありません。当然ながらとても消耗します。いびきがうるさく、目覚めると疲れているという人で、太りすぎ、50歳以上、首が太い、高血圧などの条件に当てはまる場合、必ず睡眠検査を受けてください。

睡眠時無呼吸のあることがわかれば、治療で睡眠の質も体調も劇的に向上させることができます。治療用のマスクをつけて眠り、肺に空気を送り込む助けとしている人も多いです。太りすぎの人は、1～2㌔やせるだけでも症状が大幅に改善します。

▼ひどい疲労感が最低でも6ヵ月続いている。激しい活動の後はそれが悪化し、ひと晩しっかり眠っても改善しない

「**慢性疲労症候群（CFS）**」または「**全身性労作不耐疾患（SEID）**」は、理解されにくく診断の難しい疾患です。

CFS／SEIDになると、著しく体力が落ち、疲労感がどんな活動にも影響し、これが6ヵ月以上にわたって続きます。カゼなどの軽い感染症の後でかかることもあります。何か活動した直後は疲労感が悪化し、睡眠を取っても改善しません（すっきり目覚めることができない）。そ

のほか、注意力散漫、座った姿勢から立ち上がったときのめまい、頭痛、筋肉や関節の痛みなどの症状が起こります。

ＣＦＳ／ＳＥＩＤの可能性があるときは、まず疲労にほかの原因があるかどうかを検査することが重要です。明確な診断が出たら、トークセラピー（会話療法）と運動計画を併用することで、生活を大きく改善することができます。

▼体重増と便秘があり、真夏でもつねに寒さを感じる

新陳代謝の調節を助ける、甲状腺《せん》の機能が弱っているのかもしれません。疲労、体重増、便秘、冷え症を引き起こす「**甲状腺機能低下症**」は、簡単ないくつかの血液検査で診断することができます。たいていは甲状腺ホルモンを補給することで、本来の身体機能は取り戻せます。

▼息切れしやすく、すぐ呼吸しづらくなる

血液が十分な酸素を筋肉や心臓に送れていないのかもしれません。最も一般的な要因は、貧血、つまり赤血球不足で、これは簡単な血液検査ですぐ診断できます（貧血の原因を探るのはもう少し複雑で、特に高齢者の場合、大腸からの出血が主要因になっていることがあり、大腸内視鏡検査が必要になります）。そのほか、全身の血液供給に影響を与える心疾患や、空気から血液への酸素移動を阻害する肺疾患なども考えられます。

▼排尿の頻度《ひんど》が高く、たえず水を飲んでいる

インスリンが不足する（もしくはインスリンに反応しなくなる）ことで起こる「**糖尿病**」の可能性があります。糖尿病になると、体が糖を正常に処理できなくなり、血流の中で滞ってしまいます。この糖を排出するため、腎臓《じんぞう》では大量の尿が作られます。この結果、脱水症状、疲労、のどの渇きなどが起こります。こうした症状があれば、できるだけ早く診察を受けてください。おそらくはインスリン治療が必要です。もし頭がふらふらしたり吐きけがするときは、救急外来を受診してください。

▼発熱のくり返し、体重減、寝汗などがある

ほかに明白な症状はないのに、体のエネルギーを奪ってしまう感染症の可能性があります。心臓の感染症（感染性心内膜炎）、ＨＩＶ（ヒト免疫《めんえき》不全ウイルス）感染、結核などもそうです。リンパ腫《しゅ》など一部のがんも、同様の症状が出ることがあります。できるだけ早く診察を受けてください。

▼腎疾患がある、もしくはここ何日かむくみがあり、尿があまり出ていない

「**腎不全**」は、疲労につながるさまざまな問題を引き起こします。貧血（赤血球不足）、食欲不振、肺水腫《しゅ》（酸素レベル低下の要因）、有毒で鎮静作用のある化学物質の蓄積などの症状があります。そのほかの腎不全の兆候としては、高血圧、顔や足のむくみなどがあります。腎臓の病気だといわれたことがなくても、こうした症状があればすぐ診察を受けましょう。すでに腎疾患があるとわかっている場合は、疲労の悪化は「投薬を見直すべき」というサインで、透析が必要になるかもしれません。

▼眼球の白目が黄色っぽくなった

「**肝疾患**」は、黄疸《おうだん》（目や肌が黄色っぽくなる）、かゆみ、有害化学物質蓄積の原因となり、錯乱、疲労、そして最終的には昏睡《こんすい》につながることもあります。肝臓に関連した錯乱状態は徐々にやってきます。まず、疲労、反応の遅れ、途切れやすい注意力、そしていらだちが生じます。次に、失見当識（自分が置かれている場所や時間、応対する人がだれかわからないなどの状態）、不明瞭な言葉、知覚麻痺《まひ》がやってきます。肝疾患がさらに進行すると、2～3秒腕を前に上げて手のひらを外向きに広げようとすると、手がぱたぱたと下向きに動いてしまうようになります。今日のうちに病院に行ってください。

レベル3 救急外来を受診すべきケース

▼理由もないのにふらふらし、錯乱状態を起こしている

この状態になったら本書を読むどころではなくなっていると思いますが、本人以外の誰かが読んでいるかもしれませんので。脳の感染症（脳炎）、脳卒中、薬の過剰投与（鎮痛薬など）、一酸化炭素中毒、重度の感染症（敗血症）など、深刻な疲労と錯乱状態を引き起こす危険な疾患はたくさんあります。手遅れになる前に救急車を呼んでください。

不眠

編集／エイミー・アトクソン（コロンビア大学付属NYプレスビテリアン病院
心肺睡眠通気障害センター臨床医学科助教）

不眠とは、「眠りに落ちることや眠りを維持することが難しい、もしくは早く目覚めて眠りに戻ることができない状態からくる、日中の機能障害」と定義されています。本書をここまで読んでもまだ眠れていないあなたも、ひょっとしたら不眠症かもしれません。

必要とする眠りの長さは、人それぞれ異なります。もしあなたが数少ない幸運な人間で、ほんの2～3時間眠ればすっきり目覚められる人だったら……願わくば、投資銀行家か心臓外科医としての人生を楽しんでいただきたいと思います。

もしあなたが人並みなら、よく寝てないときの兆候ははっきり現れるものです。静かな日中の時間（テレビを見たりバスに乗っていたりする時間）に居眠りをする、集中できない、なんとなく忘れっぽくなる、いらいらする、気が沈む、不安になるといった兆候が出てくれば、ベッドでもう少し過ごしたほうがよさそうです。

不眠症自体は致命的な病気ではないにしても、人の気分、注意力、新陳代謝、免疫《めんえき》に大きな混乱を引き起こすことがあります。そのせいで、まったく落ち度のない相手に無礼な態度を取ってしまうこともあります。食べすぎて体重が増えることもあります。そして、明らかに致命的な結果を引き起こしてしまうケースも実際にありえます。運転中の居眠りなどはまさにそれです。実のところ、トラックの死亡事故のほぼ半数は、運転手の居眠りで起こっているのです。

では、あなたがコーヒーを減らす必要があるかどうか、詳しい診察のために病院に向かう必要があるかどうかは、いったいどこでわかるのでしょうか？

レベル1 落ち着いて対処すればいいケース

▼スマホを枕元に置いている

よく眠るために大事なのは、よく眠れるような手だてを取ることです。つまり、眠りをうながす環境を作ることです。よくいわれることですが、たとえブルーライトを減らす工夫をしていても、画面の見すぎはよくありません。寝室からテレビを撤去し、ノートパソコンやスマホやタブレットはほかの場所に置きましょう。部屋のドアのすぐ外でもかまいません。寝室は睡眠とセックスのための場所で、仕事、読書、ブログ、SNSのための場所ではないのです。そうした機器から離れられないというのであれば、せめてベッドの脇で充電するのはやめましょう。通知音や呼び出し音は、あなた自身が電源を落とすべきときでも、あなたの注意を引くように設計されているのです。

▼枕が熱くなるほど部屋が暑い

ブラインドもない、騒々しい駅が見下ろせる暑い部屋で寝ているのであれば、その環境こそが不眠の最大の原因かもしれません。理想的な寝室とは、居心地がよく、涼しく（20～22度C）、暗く、静かな部屋のことです。新しいエアコンやホワイトノイズマシン（雑音を消す機器）にお金をかけても、ひと晩につきせいぜい30分睡眠を増やせる程度なので、お金は賢く使ったほうがいいと思います。

▼スケジュールを守れない

脳の24時間周期のリズムは、目覚めと眠りの規則正しいスケジュールを促進しようとします。毎晩、違う時刻にベッドに入るようなことをしていると、自分の体のリズムに合わせられなくなります。必要ならアラーム時計を寝る時刻にかけてでも、就寝時刻を一定に保つようにしましょう。

▼昼寝が大好き

夜に眠れないなら、まして日中に睡眠を取るべきではありません。日中のうちに眠気を溜めるだけ溜めておき、夜になったらゆっくり眠ればいいのです。疲労と闘っているうちに、すぐ規則正しく眠れるようになります。

▼夕刻に大人の飲み物を楽しんでいる

カフェインの入った飲料を午後や夜の早い時刻に飲めば、不眠を誘うことは誰にでもわかります（と思いたい）。コーヒー、紅茶、一部の炭酸飲料、エナジードリンクはもちろんそうです（なお、カフェインは、チョコレートやさまざまな市販薬にも含まれています）。また、アルコール飲料でも眠れなくなることがあります。アルコールを飲めば酔って眠ることはできますが、アルコールは2～3時間ごとに膀《ぼう》胱《こう》を満たすため、夜も更けてからトイレを行き来しなければなりません（また、アルコール後々鎮静効果が薄れてくるにつれ、刺激に変わります）。

▼たえずイライラしている

本書を読み終える気でいるなら、まちがいなく夜更かしすることになりますよ！　休養すべきときでも、仕事、家族、財産、そのほかあらゆる人生の関心事が、あなたの頭を駆けめぐっているのではないでしょうか。身に覚えはありませんか？　生活にストレスを感じ、ふと気づくとすでに遅い時刻で、今度は十分に眠れていないことにストレスを感じる。そうやって悪いサイクルに巻き込まれていくのです。「いずれはきっと眠れる、明日もきっと大丈夫」と自分にいい聞かせましょう。それを続けましょう。あれこれ考えることをやめ、深呼吸に集中しましょう。息を吸って……2、3、4……息を吐いて……2、3、4……これをくり返します。

▼朝まで排尿を待てない

日中は膀胱の行儀がいいのに、夜になると悪さを始めるというのであれば、単に寝る前に水分をとりすぎていることが考えられます。最低でも就寝の2〜3時間前になったら、水分摂取はやめましょう。一方、昼夜関係なく尿意を感じる場合は、排尿に問題を抱えています。前立腺《せん》肥大症（男性の場合）、尿路感染症、またはそれに関連する問題が考えられます。詳しくは「頻尿《ひんにょう》」（248㌻）を参照してください。

▼寝る直前に夕食をとっている

しっかりした夕食を寝る直前に腹いっぱい食べたりすると、膨満感や胃酸逆流につながり、横になるころに不快感が生じることがあります。最低でも寝る3時間前には食事を済ませれば、胃を空にするための十分な時間が取れます。

▼すでに天井の模様を記憶してしまった

眠れないからといって、ただ横になって天井を見つめるのはよくありません。睡眠の専門家は、寝室を出て、何かリラックスできること、たとえば長ったらしい本を読むなどして、まぶたが下がってくるまではベッドに戻らないことをすすめています。こうすることで、自分の脳に、ベッドは眠るための場所である（決して読書やテレビを見るための場所ではなく、ましてや目覚めたままた横たわり、どうやったら眠れるか心配する場所でもない）という明確なメッセージを送ることができるのです。

レベル2 診察を受けたほうがいいケース

▼年を取ってきた

65歳を超えた成人の半数が睡眠障害になります。過活動膀胱、慢性関節痛、認知症（正常な睡眠覚醒《かくせい》サイクルが乱れることがある）のほか、薬の中にも睡眠に影響するものがあります。昼寝が増えることも夜の不眠につながります。睡眠の妨げになる特定の問題があれば、医師に相談する（または本書を読み続ける）ことが一番ですが、一般的な解決策としては、活発に動く、昼寝をさける、年とともに起こる正常な変化（すぐに疲れる、朝早く目覚めるなど）に適応するといったことが考えられます。ひょっとするとこのまま、ほかの人々が起き出してくる前に起きて運動をし、朝食をとり、庭の芝刈りをするような朝型人間になれるかもしれません。

▼新しい薬の服用を始めた

睡眠サイクルを阻害する薬はたくさんあります。β遮断薬《ベータしゃだん》（アテノロール、メトプロロール）、

α《アルファ》遮断薬（テラゾシン、タムスロシン）、充血緩和薬（フェニレフリン、プソイドエフェドリン）、精神刺激薬（メチルフェニデート［商品名〈リタリン〉など］）、ステロイド（プレドニゾン、ヒドロコルチゾン）、選択的セロトニン再取り込み阻害薬（ＳＳＲＩ）として知られる抗うつ薬（フルオキセチン、エスシタロプラム［商品名〈レクサプロ〉など］、シタロプラム、セルトラリン）などが当てはまります。注意してほしいのは、こうした薬を短期間でもやめたりすると、禁断症状を引き起こすことがあり、それがまた不眠症につながったりします。薬をやめたり替えたりする前に、必ずかかりつけ医に相談しましょう。

▼早朝に目が覚め、それきり眠れなくなる

早く目覚めてしまう主要因の一つが「**うつ**」です。睡眠障害のほかに、気力の低下、注意力散漫、食欲や体重の変化があるときは、すぐに主治医と話をしましょう。そのほか、過剰なアルコール摂取も早朝に目覚める原因の一つです、バカ騒ぎした夜の翌朝は必ず早く目が覚めるようなら、次回から飲酒は控えめにすることです。

▼「変化」を感じている

更年期が訪れると、３分の１以上の女性が眠れなくなりがちです。ほてりや寝汗で夜眠れなくなるのです。また、ホルモンの変化により、脳の正常な睡眠サイクルがゆがむこともあります。

ホルモン補充などのさまざまな治療法があるので、かかりつけ医に相談してみましょう。

▼足を動かしたり歩きまわったりしたいという不可解な衝動がある

足に妙な不快感やむずむずした感じがあり、歩きまわるとよくなるというときは、「**むずむず脚症候群**」が考えられます。朝方にはいくらかよくなり、いくらか眠れることが多いです。この奇妙な機能障害は、独自に起こることもあれば、鉄不足、腎疾患《じんしっかん》、神経障害（神経刺激）、多発性硬化症、妊娠などが原因で発症したり、薬（抗ヒスタミン薬、抗うつ薬、制吐薬など）の副作用として出たりすることもあります。夜に足を動かすことをやめられなければ、基本的な検査を受けに病院へ行きましょう。就寝前の足のストレッチや熱いシャワーで落ち着くこともあります。

▼本書に書かれていることをすべて試しても、やはり眠れない

眠るために完璧な手だてを講じ、薬の影響も考えられず、本書に書いてある症状のどれにも当てはまらないというときは、主治医に相談し、血液検査や睡眠検査など、より詳細な検査を受けることをおすすめします。

レベル3 救急外来を受診すべきケース

▼息切れやひどい痛みのせいで眠れない

体が何かの警告音を発しているときは、無理して眠ろうとしないでください。特定の姿勢では呼吸ができない、強い痛みのせいで眠れないというときは、できるだけ早く診察を受けてください。

ちょっと診察　睡眠薬

生活習慣を変えても不眠が改善しないときは、医師に睡眠薬をすすめられるかもしれません。注意してほしいのは、睡眠薬は長期使用のためのものではないということですが、睡眠の習慣を改善するために2~3週間試してみるのはいいと思います。もちろんリスクもないわけではないので、医師の監督のもとで使用してください。特に高齢者は慎重になるべきです。睡眠薬を使っているときに、錯乱やバランス感覚の障害が出たり、転倒につながったりすることもあるからです。

長期間使えて効果的で、副作用もない解決策として、認知行動療法（CBT）があります。この療法は、患者がストレスをさけ、心の乱れを最小限に抑え、明かりを消すときにリラックスできるよう、心理学者が患者の脳を訓練するというものです。睡眠薬以外（あるいは睡眠薬の代わり）にCBTを試したければ、医師に相談してみましょう。

▼ジフェンヒドラミン

本来はアレルギー治療に効果がある抗ヒスタミン薬ですが、眠気も誘います。ジフェンヒドラミン成分を含む薬は手に入りやすいため、不眠治療の薬として選ばれやすいのですが、必ず確かな効果があるわけではなく、口腔《こうくう》乾燥症（ドライマウス）、視野のかすみ、尿閉（排尿困難）、錯乱（特に高齢者に多い）などのたくさんの副作用があります。また、ジフェンヒドラミンの常用と、若年性認知症の関連を指摘する研究もいくつかあります。

▼ベンゾジアゼピン系睡眠薬

眠りに落ち、睡眠を持続する助けとなり、不安やストレスを抑える効果もあります。たとえば、閉所恐怖症の患者がＭＲＩ（磁気共鳴画像診断装置）検査を受ける際、これらの薬を投与することがよくあります。注意しなければならないのは、依存性があることです。医師の監督のもと、あらかじめ決められた短い期間で使用する必要があります。

▼非ベンゾジアゼピン系睡眠薬

効果は高いですが、ベンゾジアゼピンと同様に依存性があるので、短期間の使用に制限する必要があります。非ベンゾジアゼピン系睡眠薬を使用する患者が、幻覚を見る、あるいは、眠った状態で食べたり、運転したり、ときにはセックスしたりするなどの行動を伴うという報告もあります。それほどひんぱんに起こる副作用ではありませんが、慎重にはなるべきです。

めまい

編集／マーク・アイゼンバーグ（コロンビア大学医療センター准教授）、クリストファー・ケリー（コロンビア大学付属NYプレスビテリアン病院循環器内科医）

若さやおだやかな気候と同じで、失われるまでその大事さがわからないのがバランス感覚です。ひどいめまいに見舞われると、直立姿勢でいることすらひどく難しくなります。

めまいを治療する難しさの一つは、同じ言葉で症状を形容しても、実際の感覚にはさまざまな違いがあるということです。頭がクラクラして気を失いそうなときは、「朦朧《もうろう》としている」というのがより正確です。朦朧感は、脳に十分な血液が行きわたっていないせいで起こります。そういうと恐ろしげに聞こえますが、必ずしも深刻な兆候ではありません。重要なのは、その症状がどのくらいひんぱんに起こるか、そして、この先説明するように、どんな状況下で起こるかということです。

部屋が回っているような感じがしたら、おそらく「回転性めまい」です。このめまいは通常、首の向きを変えたり目を閉じたりすると悪化します。首の姿勢を感知する体の主要器官、内耳に異常があるときに起こります。内耳は液体に満たされたいくつかの環状器官で構成されています。首をねじったり上下させたりすると、この液体が認識可能なパターンで揺れ動き、脳は地面に対する首の位置を知ることができます（目を閉じていてもです）。この内耳が混乱した、あるいは誤った信号を送るとき、回転性めまいが生じます。

たとえば、その場で2～3秒ぐるぐると回り、その後立ち止まってみてください。おそらく、回っている間はめまいは感じなかったのに、止まった後はひどくくらくらしたのではないでしょうか。これは慣性力が内耳の液体をさらに2～3秒揺らしつづけるせいで起こる現象です。内耳が体は動いていると伝えているのに、目が動いていないと伝えるため、脳が混乱してしまうのです。何秒かすると液体も静止し、気分もよくなるはずです。

車の中で本を読むと気分が悪くなる人が多いのも同じことです。目は自分の体が動いていないと感じているのに（本の文字が静止しているため）、内耳は道路のでこぼこによる揺れを感じてしまうのです。

では、真昼に上司の前でプレゼンの最中だというのに、ウオッカのショットを10杯くらいあおったかのように頭がふらふらしてきたら、いったいどうすべきでしょう？　家に帰り、横になり、自然とよくなることを願えばいいのでしょうか？　近所のドラッグストアへ行って、めまい薬のコーナー（そんな棚があればですが）から薬を探すべきなのでしょうか？

レベル1　落ち着いて対処すればいいケース

▼朝起きたときに頭がふらつくことがある

横になった姿勢から立ち上がると、重力のせいで足が鬱血《うっけつ》しやすくなります。血液が再びめぐり出すまでの2～3秒の間に脳で軽い血圧低下が起こり、こうした朦朧感の原因になるのです。この現象がすぐに消える（2～3秒で終わる）うちは問題なく、それで倒れるようなこともありません。

朦朧感が2～3分続き、もう一度横にならざるをえない場合、あるいは立ち上がるたびに同じことが起こるという場合は、**「起立性低血圧」**かもしれません。つまり、立ち上がるとき、かなり大きい異常な血圧低下が起こっている可能性があります。こうした現象の原因として考えられるのは、著しい出血や脱水症状（すでに激減している水分が、足の鬱血でさらに減る）、薬（β《ベータ》遮断《しゃだん》薬、利尿薬など）、神経障害（神経は立ち上がった後で血圧を正そうとする）などです。何かで出血している、もしくは何日も飲まず食わずでいるという場合は、救急外来を受診してください。それ以外なら、通常の医師の診察を受けてみてください。

▼最近、長期のクルーズ船旅行をした

休暇は終わり、日焼けもすでに薄らいでいるのに、いまだに荒い波の上で長い廊下をよたよたと歩いているような感覚がある場合、**「デバルクマン症候群（下船病）」**をわずらっているのかもしれません。この症状は、陸に上がってからも1～2日続くことがありますが、まれに何週間

も長引く場合があります。なぜ起こるのかははっきりわかっていませんが、船の揺れにたえず体を引っ張られ、足をしっかり踏ん張ろうとしているうちに、脳がそのことに順応してしまうのではないかといわれています。もう少し様子を見てみましょう。

▼飲み会の一夜から帰宅した、もしくはそうした夜の翌朝に目を覚ましたところ

アルコールを何杯かよけいに飲んでしまった経験があるなら、その後ベッドに入っても続く、頭の中がぐるぐる回る不快な感覚にも覚えがあると思います。回転性めまいが起こるのは、アルコールが血液の濃度を変化させ、内耳の液体の動きに影響を与えるせいです。1～2時間たつと、内耳が血液の濃度変化に順応し、めまいもよくなります。

しかし翌朝になると、今度は血中アルコール濃度が下がり、再び濃度に変化が起こるため、またこうした回転がくり返されます。脱水による朦朧感も感じるかもしれません。可能ならベッドにとどまり、スープかスポーツドリンク、あるいは経口補水液を飲み、お気に入りの番組でも見て過ごしましょう。

レベル2 診察を受けたほうがいいケース

▼運動中に頭がふらふらしてきた

激しい運動の後の多少のふらつきや息切れは正常範囲内ですが、50歳以上で、運動のペースを上げるといつも頭がふらふらしてくるという場合、心臓に問題を抱えている可能性があります。たとえば、心臓の左心室と大動脈を隔てる弁が硬化してほとんど開かなくなる「**大動脈弁狭窄**《きょうさく》**症**」などが考えられます。この疾患《しっかん》があると、筋肉が血液を一番必要としているときに、心臓が十分な血液を送り込むことができなくなってしまいます。血圧も下がり、頭が朦朧としてきます。これと同様に、心筋へ血液を送る動脈に重度の閉塞《へいそく》があると、激しいトレーニング中に血液が心臓へ行かなくなり、送り込む強さを増すこともできなくなります。医師の診察を受け、心臓の超音波検査と、できればストレス検査も受けましょう。

▼首をねじると、ときどき部屋がぐるぐる回るように感じる

「**良性発作性頭位めまい症**」かもしれません。内耳に小さな耳石ができると、首をねじったときに液体の揺れが激しくなり、脳に混乱した信号が送られるせいでめまいが生じます。検査台に横たわり、急に首をひねる検査を行って、回転性めまいが起こるようならこの疾患の診断が確定します。頭位変換法により、内耳の耳石を内耳のほかの部分に移動させることで、症状は解消します。

▼耳鳴りや耳がふさがったような感じがあり、ときどき部屋が回るような感覚が生じる

「**メニエール病**」かもしれません。特にはっきりした理由もなく、内耳の水圧が上昇することで起こる疾患です。ほかに、難聴、耳鳴り（たえず雑音が聞こえたり耳に響いたりする）などの症状があります。ストレス、喫煙、塩分の多い食事、化学調味料、カフェイン、アルコールなどにより、症状が悪化することがあります（大半はさけることのできる原因ですが）。

減塩食事療法で効果がなければ、利尿薬や制吐薬を使います。こうした症状は、まれにほかの危険な疾患から生じる可能性もあるため、脳のＭＲＩ（磁気共鳴画像診断装置）検査をすることもあります。「前庭」と呼ばれる内耳にある平衡感覚器の機能回復のための訓練「前庭リハビリテーション」により、バランス感覚が改善し症状が薄らぐこともあります。

▼回転性めまいがあり、片頭痛の病歴がある

内耳への伝達を担っている脳の部位で片頭痛が起こると、回転性めまいの原因になります。この回転性めまいは通常（必ずというわけではありませんが）頭痛と同時に起こります。片頭痛の日常的なケアに加え、めまいや吐きけを抑える薬を処方してもらうといいでしょう。

▼足元が不安定で、たえず尿意を感じる

脳内の空間（脳室と呼ばれる箇所）の拡張によって起こる、「**正常圧水頭症（ＮＰＨ）**」かもしれません。ＮＰＨの患者は、歩幅の短いすり足みたいな、床に足がくっついているような歩き方をします。症状が悪化すると、尿意切迫や失禁が起こり、その後、精神機能低下や集中力低下が生じるようになります（医学部では、ＮＰＨの症状は三つのＷだと教えられます。失禁［Ｗｅｔ］、ふらつき［Ｗｏｂｂｌｙ］、奇行［Ｗａｃｋｙ］の三つです）。

脳のＭＲＩで脳室の大きさを検査することになります。大きければ、脊髄《せきずい》穿刺《せんし》を行います。簡単にいえば、針を脊髄に刺し、脳室から液体を除去する処置です。これで症状が改善するようなら、ＮＰＨと診断されます。長期的な治療には、脳から液体を継続的に抜くための細い管を、体のほかの部位（腹部など）に挿入するといった処置が行われます。

▼足がむずむずしたり痛んだりする

神経障害か、神経刺激が生じている可能性があります。特に糖尿病患者に多く見られますが、甲状腺《せん》疾患、アルコール中毒、ビタミン不足など、別の原因によることもあります。消耗した神経が足の位置の記憶を追いきれなくなり、不安定感やめまいの感覚につながります。

レベル3 救急外来を受診すべきケース

▼部屋がぐるぐる回って見え、止まらない

2〜3分以上にわたって回転性めまいが続く場合、あなたは想像したこともなかった災難のさなかにいるので、今すぐ助けを求めるべきです。脳卒中か脳内出血の兆候なので、脳のスキャン検査が必要です。脳の所見が正常、もしくは脳卒中の危険は少ないと判断された場合は、より危険度の低い「**前庭神経炎**」という疾患かもしれません。ウイルス感染による炎症が内耳と脳をつなぐ神経に生じるものです。2〜3日たつと自然と回復することが多いです。

▼心臓の鼓動が急に速まり、頭のふらつきを感じる

心臓が異常な速さで脈動し、十分に血液を送り出せなくなっている可能性があります。血圧が下がり、頭が朦朧としてきます。横になって救急車を呼んでください。救急車を待つ間、この鼓動の速さを抑えるために、セキをする、力む（トイレでするのと同じですが、下着を汚したりしないよう気をつけて）などの手だてを試してみてください。

▼出血が続いていて（たとえば重い生理など）、特に立ち上がるときなどに頭がふらふらする

大量に失血しているようなので、今すぐ助けが必要です。輸血が必要かもしれません。前述のように、貧血ぎみの人は起立性低血圧（立つと血圧が下がる）が悪化し、ひんぱんに起こるようになります。

▼発熱、寒け、ひどい朦朧感がある

「**敗血症**」と呼ばれる恐ろしい疾患の可能性があります。感染症に対して全身で起こす炎症反応です。免疫《めんえき》の強い反応により、血圧が下がり、朦朧感につながります。早急に点滴と抗生剤投与による治療が必要です。すぐに致命的な状態まで進行するので、救急車を呼んでください。

物忘れ

編集／マーク・アイゼンバーグ（コロンビア大学医療センター准教授）、クリストファー・ケリー（コロンビア大学付属NYプレスビテリアン病院循環器内科医）

下着姿のあなたが真夜中に外を歩きまわり、バットを振りまわして木を叩いているところを警官に保護される、そんな日がいつかくるんじゃないかと心配していたりしませんか？　今朝もスマホを見つけられなかったし、そんな物忘れは初めてのことじゃなかったからですか？

物忘れは、高齢者にはめずらしいことではありません。ただ、それが本当に問題になる、つまり、ただの物忘れではなく認知症の扱いになるのはどこからなのでしょう？　あまりに忘れっぽくなり、自分が何をしていたかわからなくなることが増えるのは……あれ、なんの話をしていたんでしたっけ？

医療業界における「認知症」という用語は、全般的な生活の質が阻害されるような、進行性の記憶力減退のことを指します。人の名前や素性を思い出せない、自分のいる場所を正しく認識できない、複数の手順が必要な作業を終わらせることができないなどの兆候が見られます。最大の不安は、認知症が悪化すると、自立した生活を営めなくなるということです。

認知症そのものは、病気というよりも、潜在的な疾患《しっかん》からくる症状の集合と呼ぶべきものです。最もよく知られるのはアルツハイマー病ですが、軽い脳卒中が累積して認知症につながることもよくあります（脳に流れていくはずの血液が遮断《しゃだん》されると、稼働している脳組織が失われることがあるためです）。

認知症につながりやすい主なリスク要因は、高血圧、喫煙、高コレステロール値、慢性的な飲酒などです。体をよく動かし、思考の鋭さを保つことで、認知症の発症を遅らせることもできるかもしれません。

さて、名前を覚えられなくなったり、鍵をどこに置いたかしょっちゅう忘れたりすることは、正常なことなのでしょうか？　それともアルツハイマー病の始まりなのでしょうか？

レベル1　落ち着いて対処すればいいケース

▼よく徹夜をしてしまう

脳は睡眠中、その日の出来事の記憶を、長期の保管庫に移動します。このため、不十分な睡眠は、最も一般的な物忘れの原因になりがちです。ほかに、集中力低下、いらだち、うつ、不安などの症状も出ます。幸い、睡眠障害の解決策がいろいろあることは、すでにおわかりと思います（30ページの「不眠」を参照）。

▼ストレスで頭が爆発寸前になっている

心配なのは金銭問題ですか？　仕事？　最近起こった生活の大きな変化について？　ストレスがあると注意散漫になり、ほかに考えることが多いあまり、外の世界に適切な注意を払えなくなります。上司との会話を何百回と頭の中で再生しながら車を降り、ドアロックを忘れて立ち去ったりしてしまいます。解決法の一つとして、悩む時間をあらかじめ決め、心がうっぷんを吐き出せるようにするというのがあります。これは真面目な話です。30分かけて思いきり悩む日を決め、カレンダーに丸をつけましょう。悩みを吐き出せたら、1日の残り時間で集中することも、らくにできるようになるかもしれません。

▼飲み屋にしょっちゅう忘れ物をする

経験上、アルコールを大量に飲めば、ろれつが回らなくなり、反応が鈍くなり、記憶が怪しくなり、眠りの妨げになることはわかると思います。アルコールの効きめが薄れた後も、よく眠れない夜が2～3日続けば、記憶への影響が長引くことがあります。アルコールは1日1～2杯に抑えるよう努めましょう。余談ですが、長期にわたるアルコール中毒は、「**コルサコフ症候群**」につながることがあります。この疾患の大きな特徴の一つは、作り話です。一時的な意識消失と記憶喪失によって生まれた空白を埋めるため、詳細な物語をでっちあげてしまう（そして心から信じる）のです。

▼年を取って忘れっぽくなった

中年期の終わりからその先にかけて、短期記憶の軽い喪失や、新しい情報の処理が困難になることは普通にあります。とはいえ、こうした変化は全般的な生活の質を阻害するようなものではありません。興味深いことに、長期記憶は失われないので、最初に住んだ家の電話番号は覚えているのに、今の電話番号が覚えられないという現象が起こったりします。

レベル2 診察を受けたほうがいいケース

▼いつも調子が上がらない

甲状腺《せん》は新陳代謝の調節を助けます。新陳代謝が活発すぎると、発汗、ふるえ、下痢《げり》、体重減などが生じます。逆に低下しすぎると、疲労、便秘、体重増、そして記憶力の喪失が生じます。簡易的な血液検査を受ければ、甲状腺の問題を見つけることができます。血液検査は標準的な認知症検査にも含まれています（医師たちは「あなたのためにそこにいる」ので、ぜひ検査に来てください）。

▼愛煙家である

喫煙が原因となるさまざまな症状の一つに、記憶力の喪失があります。ずっと喫煙の習慣があった人は、脳に酸素を供給する血管が詰《つ》まりやすくなっていて、記憶力を減退させる軽い脳卒中を招くことがあります。脳のＭＲＩ（磁気共鳴画像診断装置）検査を受けると、以前の脳卒中の形跡が見つかります。

▼初対面の相手と一夜を過ごした

一夜かぎりのお遊びが、望まない贈り物を残していくこともあります。ベッドの下に落ちている、自分のものではない汚れた下着。電話に残る謎の番号。そして、そう、だいぶ進んだ梅毒まで。梅毒なんて第一次世界大戦ごろの娼婦《しょうふ》からしか移らないと思うかもしれませんが、今でも普通にありますし、何十年も放置するうちに脳に広がり、記憶力の喪失、気分障害（うつ病、躁《そう》病）、ふるえなどが生じます。意外に思われるかもしれませんが、梅毒の検査は標準的な認知症検査に含まれています。梅毒の治療には抗生剤を使います。

▼頭の上にいつも雲がかかっている気がする

うつ病も、物忘れや注意力散漫などの症状につながることがあります。そのほか、絶望感、いらだち、活動意欲の低下、疲労、食欲の変動、性欲の喪失、睡眠障害、体重の増減などの症状が見られます。興味深いことに、うつになった人間はだいたい自分の記憶障害を認めますが、アルツハイマー病患者は、記憶障害があることを否定したり、たいしたことではないというそぶりを装ったりします。自分がうつ病かもしれないと思ったら、生活の質を改善できそうな治療法はたくさんありますので、医師と相談してください。

▼最近心臓の手術をした

心臓の手術には人工心肺装置を使うのが普通ですが、これが「バイパス脳」「ポンプヘッド」などと呼ばれる症状を引き起こすことがあります。記憶や鋭敏さが失われ、不明瞭な精神の曇りが生じるのです。最近開胸手術を受け、その直後から記憶に問題が起こっていると感じたら、主治医に相談してみてください。

▼高校時代はアメフト部（またはラグビー部など、接触の多いスポーツ）のスター選手だった

「**慢性外傷性脳症**」は、プロのアメフト選手の間でこの疾患の頻度《ひんど》が高いため、このところよくニュースの話題になっています。何度も頭に受けた打撲《だぼく》が認知症の原因となり、頭痛、衝動性、ふるえ、うつなどを伴う疾患です。関連する症状に、「パンチドランカー」「ボクサー脳症」などと呼ばれている認知症があります。

▼何年かにわたり記憶力がしだいに悪くなり、このところ日常生活にも支障をきたしている

認知症の人々は進行性の記憶力喪失に悩まされるもので、それはやがて周囲の人間にもわかります。そのほかに、言葉や場所の認識、日常生活に支障が出ることもあります。医師に相談し、過去の全経歴や記憶の検査、薬物療法の見直し、血液検査、そしてできれば脳のスキャン検査など、認知症の精密検査を受けるべきです。65歳以上で最も一般的に見られる認知症のタイプは、異常たんぱく質が脳に蓄積されて生じる「**アルツハイマー型認知症**」です。

レベル3 救急外来を受診すべきケース

▼先週とまるで違う人間になった気がする

急激な記憶の消失（何時間から何日という単位）が発症し、人格変化、頭痛、発熱などを伴う場合、すぐ救急外来を受診すべきです。脳のスキャン検査と、脊髄穿刺《せきずいせんし》（検査のため脊髄周辺から髄液を採取）が行われることになるでしょう。脳の感染症、脳卒中、脳周辺の出血、血中の重要な化学物質の不均衡などが考えられます。

▼頭を強く打った

「**脳震盪**《しんとう》」は、外傷から生じる軽度の脳損傷です。錯乱、めまい、嘔吐《おうと》、頭痛、疲労、そして記憶力の喪失などの症状が起こることがあります。詳細は「頭部の負傷」(58ジペー)を参照してください。

頭部の外傷

編集／マーク・アイゼンバーグ（コロンビア大学医療センター准教授）、クリストファー・ケリー（コロンビア大学付属ＮＹプレスビテリアン病院循環器内科医）

頭に大ケガをしたりすれば、普通は誰かが救急車を呼んでくれるものです。もし意識を失っていれば、自分ではなんの判断もできません。

ですが、それほどのケガでないときはどうでしょう。悪い誰かがあなたを殴り飛ばし、見物人をぎょっとさせたものの、まぎれもなく命の危険にさらされるほどの深刻さではない場合はどうしますか？　スポーツイベントの最中に起こったケガ、高齢者が転倒したときのケガなどにも同じことがいえます。

結論からいえば、頭のケガは小さなものでも大事になることがあるので、用心に越したことはありません。とはいえ、すべてが救急診療を受けたほうがいいケガとはかぎりません。

では、どうするべきでしょう？　眠っているあなたの様子を、友だちに見ていてもらえるよう頼みますか？　それとも救急車を呼んでもらいますか？（余談ですが、もし頭のケガを診てもらうために救急病院に向かうなら、自分では運転しないでください。当たり前のようですが、よく見逃される点です。脳が調子を崩しているときに、時速１００キロで飛ばしたらどうなると思いますか？）

レベル1 落ち着いて対処すればいいケース

▼意識もあり、外傷につながった経緯をすべて覚えている。65歳未満で、抗凝固薬の服用もなく、気分もいい

おそらく危険はないと思われますが、異常の兆しがないか、誰かに見ていてもらうようにしてください。緊急の診察が必要な合併症にも、明白な症状（発作、錯乱、体に力が入らない、意識が戻らない）から、軽度の症状（頭痛、首の硬直、極度の疲労、嘔吐《おうと》）までいろいろあります。ケガをしたのがアスリートの場合は、完全に正常な感覚が戻るまで、最低でも24時間は競技を再開しないでください。

レベル2 診察を受けたほうがいいケース

▼2～3日前に頭を打ち、今になってひんぱんに頭痛がする

「脳震盪《しんとう》後症候群」かもしれません。頭を打ってから何日か後、ときには何週間か後まで症状が続くことがあります。ほかに、いらだち、不安、うつ、めまいなどの兆候が加わることもあります。脳のスキャン検査をして、脳内もしくは脳周辺に出血がないか確認する場合もあります。検査結果が正常なら、治療は通常は対症療法だけになります。頭痛の鎮痛薬を服用し、できるだけ脳を休ませましょう（読書やテレビ視聴など、注意力を持続的に要する活動はさけてください）。

レベル3 救急外来を受診すべきケース

▼頭を打ってから、頭痛、吐きけや嘔吐が悪化している

頭蓋《ずがい》は閉じられた狭い空間です。そこで出血が始まると、脳は圧迫され、ひどい不快感が生じ、頭痛や吐きけを誘発します。血液が溜まりつづけると、脳がさらに首に向けて押し下げられ、呼吸の制御といった重要な仕事を放棄し、最後にはまったく機能しなくなります。

▼意識を失った

ケガのせいで意識を失ったら、緊急の診察が必要です。致死的な脳出血が意識の消失を招きますが、その後目が覚め、意識明瞭で気分も良好な状態になります。しかし、その後数時間のうちに脳の周辺に血液が溜まっていくと、最終的には死につながります。

▼65歳を超えている

年を取ると、萎縮《いしゅく》した脳が頭蓋内部で動きまわりやすくなります。これに加え、脳のまわりの血管ももろくなってきます。外傷時には脳が揺さぶられ、血管が切れてしまうことがあります。不快感はなくても、脳のスキャン検査で出血がないか確かめましょう。

▼抗凝固薬を服用している

抗凝固薬は、脳内や脳周辺の致死的な出血リスクを大幅に高めます。薬が血管をもろくすることはないのですが、血栓《けっせん》の形成を予防する働きがあるため、出血したときの量は多くなります。不快感はなくても必ず診察は受けてください。

▼負傷以前の出来事を覚えていない

頭部外傷では、多少の記憶消失が引き起こされることがよくあります。記憶消失が起こるくらい強く頭を打ったのであれば、医師の診察を必ず受けてください。記憶消失の程度がひどい場合(負傷の30分以上前の記憶まで消えてしまった場合など)は、必ず脳のスキャン検査を受けてください。

▼体に力が入らない、体がしびれるなどの症状が新たに出た

頭部外傷とともに腕や足にも骨折などがあるなら、動かせないこともあるでしょう。しかし、四肢に身体的な損傷がないのに正しく動かせないときは、脳や脊髄《せきずい》に深刻な損傷があるかもしれません。救急車を呼んでください。

▼かなりの高さから落下した

1メートル以上の高さから落ちて頭を打った場合、深刻なケガをしている可能性が高いので、必ず脳のスキャン検査を受けてください。

目の充血・痛み

編集／ブライアン・J・ウィン
（コロンビア大学医療センター眼科助教）

目は心の窓だとよくいわれます。目が赤かったり、腫《は》れていたり、感染症でひどい状態だったら、心はどんな状態といえるのでしょう？　人々があなたをさけて逃げていくとしても、仕方のないことなのかもしれません。

目の赤みや痛みの解決策をお話しする前に、目という器官をもう少しよく知るため、ちょっとだけ鏡を見てみてください。目の中央にある黒い穴の部分が瞳孔《どうこう》です。暗い場所では大きくなり、もっと光を入れようとします。恐怖を感じたときも大きくなるので、ポーカーをやるときは覚えておくといいでしょう。光は瞳孔を通り、水晶体が焦点を合わせます。

瞳孔を帯状に囲む色のついた部分が虹彩《こうさい》で、虹彩を囲む白い面が強膜です。人々があなたの目をほめるときは、虹彩の話をしているものです（「なんて奥まで深く貫通した瞳孔でしょう！」などといわれることはまずまれです）。強膜からまぶたの裏側をおおっている薄い膜が結膜です。

目が充血するときは、血管が拡張もしくは破裂しているときです。ドライアイ、アレルギー、眼精疲労、あるいはコンタクトレンズを長時間装用しすぎたときなどに起こるのが一般的です。目の充血や痛みは、ときには深刻な失明が危ぶまれるような疾患《しっかん》の兆しということもあります。

たとえば、急性緑内障（眼圧が上昇することで発症）は、目の充血や痛みが生じ、急激に視野が失われていきます。

そう考えると、目の充血や痛みがあるときでも、ただ自己検疫《けんえき》に努め、手洗いを欠かさなければいいというものではありません。目薬をさすべきでしょうか。もしそうならどんな種類を？　サングラスをかけて仕事に出るべきでしょうか？　それとも、すぐにでも眼科医のもとに飛んでいくべきなのでしょうか？

レベル1　落ち着いて対処すればいいケース

▼パソコン作業や読書のしすぎ、長時間の運転などの後で、目の周囲の痛みや頭痛を感じ、焦点が合わせにくいと感じる

目の疲れ、いわゆる眼精疲労は、長時間にわたって何かに集中し、水晶体周囲の筋肉が疲れたり、けいれんを起こしたりしたときに生じます。目はあなたの奴隷《どれい》ではありませんし、定期的な休暇も必要です。薄暗い部屋で仕事をしたり、なんとなく体が疲れていたりするときは、眼精疲労も早く起こります。また、仕事や読書をしている間、十分なまばたきをしていない人も多く、それがドライアイにつながります（さあ、すぐまばたきをして！）。

少なくとも30分に1回は目を休ませ、歩きまわったり遠くの物を見たりするようにしましょう。また、仕事場では、ぎらつきの少ない明るいライトを使いましょう。目が乾くと感じるなら、市販の人工涙液（ドライアイ用点眼薬）を1日に2～3回さしてください（それ以上の回数をさしたければ、防腐剤の入っていないタイプのほうが刺激が少なくて済みます）。目の充血を減らすとうたっている目薬は、実際には余計に目を刺激することが多いので、さけたほうがいいでしょう。もし症状が変わらなければ、眼科医にきちんと検査してもらいましょう。メガネを作ることが唯一の解決策という場合もあります。

▼目が赤く腫《は》れ、熱、のどの痛み、鼻水などの症状がある

カゼを引くと、見ばえが悪くなってしまいます。粘液で鼻が詰《つ》まると、目のまわりの血管を圧迫し、充血することがあります。抗炎症薬（イブプロフェン）や充血緩和薬（プソイドエフェドリン）を服用したり、生理食塩水鼻スプレーを使ったりすると、腫れを抑えることができます。1週間以上症状が続くときは、医師の診察を受けてください。

▼目の赤みとかゆみがあり、涙が出て、クマができ、鼻水も出る

「アレルギー性結膜炎」の可能性が高いです。花粉、ほこり、ペットの毛や体からの微落片、塩素（よくプールで泳ぐ人の場合）、タバコの煙などがよくある原因です。コンタクトレンズを装用している場合は、保存洗浄液アレルギーかもしれません。考えられる刺激の源をできるだけ排除し、市販の抗ヒスタミン薬や鼻スプレーなどを試してください。症状が続くときは、市販のアレルギー用点眼薬を使ってみてもいいでしょう。眼科医に相談すれば、もっと強い抗アレルギー点眼薬、あるいはステロイド点眼薬を処方してくれるかもしれません。

▼まぶたに吹き出物ができている

まぶたの皮脂腺《せん》が詰まり、ものもらいができているのかもしれません。絶対に潰そうとはしないでください（目に損傷を与えるかもしれませんし、さらに感染症が広がる可能性も高まります）。腫れを抑えるには、温水で濡らしてしぼった小さなハンドタオルで押さえて温め、その後閉じた目にかぶせて10分おきます（スパでやるような感じです）。これを2～3日の間、2～3時間ごとにくり返します。

もしアイメイクを崩したくなければ、コットンの靴下（もちろんきれいなものにかぎります）に二つかみほどの米を入れ、靴下の口を縛り、電子レンジで10～20秒ほど温めます（米を焦がさない程度）。この靴下を目の上にのせましょう。米の熱は5分ほど持続します。

▼白目がまっ赤に充血している

眼球の細い血管が破れ、結膜下出血が起こっている可能性が高いです。友人たちが見たらびっくりしておびえるかもしれませんが、見た目ほど危険な疾患ではありません。目の周囲の血管に強い圧力がかかって生じる症状で、せき込んだり、何度か嘔吐《おうと》したり、目をこすりすぎたりした程度でも起こります。ときにはなんの原因もなく生じることもあります。

最初の2日ほどは血液が広がるため、さらに悪化したように見えますが、2週間もすれば消えます。出血が止まらなかったり、頭部の負傷後に頭痛を伴って起こった症状の場合は、医師の診察を受けてください。

▼目の下に黒っぽく腫れたようなクマができている

目の下のクマは、皮膚の表面近くの血管が膨張して生じます。疲労、アレルギー、ひんぱんに目をこするなどのせいで、嫌われ者のアライグマのような顔つきになってしまうのです。生まれつき腫れぼったい目をしている人もいますし、アルバムを開いてみれば誰からの遺伝かわかるかもしれません。

腫れぼったさや黒っぽいくまを和らげるには、冷水ですすいでしぼった洗顔用タオルを、10分ほど目の上にのせておくといいでしょう。効果がなければ、皮膚科医に相談すると、血管を縮小する処置（レーザー治療など）を提案してくれるかもしれません。

▼コンタクトレンズを装用しているが、1日の終わりにたいてい目が乾くか赤くなる

コンタクトレンズの保存液かレンズ自体が合うものでなければ、かゆみや、コンタクトレンズに誘発されるドライアイが起こることがあります。

まず第1に、使っている保存液を確認してください。洗浄・保存両用のものを使っている場合、過酸化水素タイプのものに切り替えると刺激が減るかもしれません。第2に、レンズを装着する前に潤滑《じゅんかつ》点眼薬を試してみてください。第3に、1〜2週間装用のレンズを使っている場合は、医師と相談し、1日使い捨てタイプに替えてもらいましょう。第4に、どんなに疲れているときでも、絶対にコンタクトレンズを装用したまま寝ないようにしましょう。レンズが乾いてしまい、感染リスクが大幅に高まります。そして最後に、コンタクトレンズをつけているときに刺激を感じたら、レンズをはずして目を休ませましょう。

▼喫煙していると、目の充血やかゆみ、痛みが出る

タバコやその他の気晴らしで喫煙するときの有害な煙が、目に刺激を与えることがあるというのは驚きではないと思います。また、喫煙は白内障のリスクを高めます（水晶体が曇り、物が見えにくくなります）。

レベル2 診察を受けたほうがいいケース

▼目がいつも乾いている

「ドライアイ症候群」に仲間入りしてしまっているかもしれません。女性、高齢者、コンタクトレンズ装用者に多く見られます。抗ヒスタミン薬、エストロゲン、一部の抗うつ薬、ニコチン酸、アミオダロンなどの薬により、ドライアイが悪化することもあります。ドライアイ以外に、目の充血、かゆみ、光に対する過敏さ、そして、髪の毛や小さな何かが目に入っているような感じがする（実際には入っていなくても）といった症状が出ることがあります。

以下の解決策が助けになるかもしれません。第1に、防腐剤の入っていない人工涙液を、1日に2～3回さしましょう。第2に、充血緩和薬が含まれている点眼薬は、使うのを中止したときに症状を悪化させることがあるのでさけましょう。第3に、乾いた空気から目を守るため、メガネをかけるようにしましょう。そして最後に、寝室や仕事場を加湿しましょう。症状が続くようなら医師と相談し、点眼薬を処方してもらいましょう。

▼妊娠している

妊娠によってホルモンの変化が起こると、目が充血したり、かゆくなったり（特にコンタクトレンズ装用者の場合）、光に過敏になることがあります。症状を産科医に伝えておきましょう。子どもが生まれてからは改善するはずです。もちろん、その後は夜どおしの育児で、やっぱり目が赤くなるかもしれませんが。

▼片方もしくは両方の目が充血し、少し痛みを感じ、分泌物《ぶんぴつ》もあるが、視野に変化はない

「**結膜炎**」いわゆる「**はやり目**」かもしれません。細菌《さいきん》やウイルスで感染したり、アレルギーによって発症する一般的な疾患です（非常に感染力が強いので、もし最近眼科医に行ったのであれば、そこで感染した可能性が大です）。ひと晩のうちに分泌物が溜まり、朝にはまぶたがくっついて開かないこともあります。

細菌感染による結膜炎（これが最も深刻です）では、濃い膿《うみ》のような分泌物が1日中出てきます。黄色いべたべたした分泌物がたえず流れてくるようなら、眼科医の診察を受け、抗生物質の点眼薬を処方してもらいましょう。分泌物が透明で痛みも軽いときは、抗ヒスタミンの点眼薬や、冷たい洗顔用タオルでも大丈夫です。ほかの人にうつさないよう、自分の手もよく洗いましょう。

▼誰かが片方の眼窩《がんか》に釘を打ち込んでくるような感覚がくり返し襲ってくる。症状と症状の間は問題ない

「群発頭痛」の可能性があります。詳細は「頭痛」（12ジペー）を参照してください。

レベル3 救急外来を受診すべきケース

▼目にひどい痛みを感じる

目全体のさまざまな部位に影響を与え、突然の痛みを引き起こす要因は数々あります。視力が危険にさらされているかもしれません。その日のうちに眼科医の診察を受けてください。予約が取れなければ、救急外来に向かってください。

▼急に視力を失った、もしくは急に物が二重に見えるようになった（深酒したわけではない）

正常な視力を取り戻したければ、すぐに救急外来に駆け込んでください。突然視力が失われる症状の原因のいくつか、たとえば目に血液を供給している動脈が閉塞《へいそく》した場合などは、90分以内の処置が必要です。また、物の見え方の変化は、脳卒中や脳出血など、命に関わる脳疾患の兆候かもしれません。

▼目の充血に加え、まゆの上の痛み、視界のかすみ、吐きけ、光を見ると光輪が見えるなどの症状がある

目の内側の圧力が急激に増して起こる「**急性緑内障発作**」の可能性が高いです。眼圧を下げ、失明を防ぐための緊急治療が必要です。すぐに眼科か救急病院で診察を受けてください。

▼片目が腫れ、動かすと痛み、視界にもかすみがある

「**眼窩蜂巣炎**《ほうそう》」と呼ばれる、目の周囲の重度のバクテリア感染症かもしれません。近くの副鼻腔《くう》から眼窩に広がることが多い感染症です。すぐに検査を受けてください。抗生剤の治療が必要かもしれません。ときには手術を要する場合もあります。

▼頭痛と目の痛みがあり、目の近くに水ぶくれができている

重度の「**帯状疱疹**《ほうしん》」かもしれません。子どものころから体内にひそんでいた水痘《すいとう》（水疱瘡《みずぼうそう》）ウイルスが活性化すると、痛みのある水ぶくれができます。体のどこにでも出ますが、目の周囲に出た場合は視覚に問題が起こることがあります。最初は頭痛が起こり、目の近くがひりひりします。その後水ぶくれが生じ、目が赤くなったり、まぶたがたれ下がってくることがあります。失明をさけるため、すぐに抗ウイルス薬と、場合によってはステロイドの投与が必要です。

難聴、耳の痛み

編集／ジェイソン・A・モチェ
（形成再建外科、頭頸部外科認定専門医）

トレーニングや運転中に、好きな音楽がかかると音量を上げますか？　スピーカーの音量がかなり高いところまで上がっていませんか？　最近、「えっ？」とか「なんていった？」とか、よく聞き返していませんか？

耳は、複雑かつ不思議な形をした器官で、これまでずいぶんと過小評価されてきました。たとえば、人の耳の大きさや形に関するいい話を聞いたことがありますか？　ダンボや映画『スタートレック』のミスター・スポックには迷惑な話です。

耳は三つの主要部位に分かれています。外耳は、指や綿棒で調べることができる部分です（あまりかきまわすのはよくないですが）。音波は外耳を通り、鼓膜にたどりついて振動させます。鼓膜のすぐ奥の中耳に、この振動を増幅させる小さな骨があります。中耳の奥が内耳で、この振動を電気信号や化学信号に置き換え、脳に伝えています。

耳の疾患《しっかん》は難聴ばかりではなく、強い痛み、たえず鳴り響く音（耳鳴り）やキーンとする感覚、部屋が回るような感覚（回転性めまい）などを引き起こします。

さて、耳閉感や難聴は、耳あかが溜まっているせいなのでしょうか？　補聴器を買うために家を抵当に入れるべきでしょうか？　頭の中で聞こえる声は、単に自分の良心の声なのでしょうか？　それとも、ＭＲＩ（磁気共鳴画像診断装置）検査を受け、脳腫瘍《しゅよう》がないことを確認したほうがいいのでしょうか？

レベル1　落ち着いて対処すればいいケース

▼耳がしょっちゅうキーンとなる

中耳は閉ざされた空間です。中耳内と頭の周囲の気圧が異なると、圧迫感、ときには痛みが生じます。圧を等しくするために、中耳は一時的にのどの奥で口を開き（本当にです）、空気の出し入れを行います。耳とのどをつなぐ管のことを「耳管」と呼んでいます。あくびするとき、何かを飲み込むとき、鼻をかむときなどにここが開きます。高速エレベーターや下降する飛行機に乗っていると、急な気圧の変化に耳がついていこうとするせいで、耳がキーンとします。

カゼを引くと、耳管が腫《は》れたり粘液で詰《つ》まったりするため、痛みやキーンとした感覚が生じることがあります。充血緩和薬（プソイドエフェドリン）や抗炎症薬（イブプロフェン）が詰まりを和らげる助けになります。よくならなければ点鼻スプレーを試すといいですが、１～２日にとどめてください（それ以上続けるとやめにくくなります）。

レベル2 診察を受けたほうがいいケース

▼歯痛を伴っている

歯とあごの痛みが、耳を含む顔の側面全体に広がることがあります（耳自体には問題がない場合でも）。朝起きるたびにあごと耳が痛むときは、夜間に歯ぎしりをしているかもしれないので、マウスピースを装着してもいいかもしれません。一方で、あごがよく音をたてるようなら、「顎《がく》関節症」（あごと頭蓋《ずがい》をつなぐ関節が噛《か》み合っていない疾患）の可能性があり、耳鼻咽喉《いんこう》科の専門医の診察を受けるべきです。あごと耳の痛みがおさまらずに悪化するようなら、感染症かもしれないのですぐに検査を受けてください。

▼聴覚が減退し、耳閉感がある

耳あかは不快なものですが、実は外耳道を負傷や感染症から守っているのです。余分な耳あかは自然と排出されるのですが、ときどきそのまま溜まって、外耳道をふさいでしまうことがあります。耳閉感、聴覚の減退、かゆみ、耳鳴り、セキ（外耳道からの刺激によって出る）などの症状が生じます。

綿棒を使うと、耳あかをさらに耳の奥に押し込んで固めてしまうため、あまりおすすめはしません。補聴器やイヤホンも、耳から排出される耳あかを押しとどめてしまうことがあります。さらに、年を取ると耳あかが硬くて乾いたものになりがちで、これも溜まりやすくなる原因の一つです。こうしたことから、耳あかを専門医に定期的にとってもらったほうがいい高齢者は、3分の1以上に及びます（マニキュア、ペディキュア、耳あかの除去をセルフケアの習慣にしておくといいでしょう）。

もしひんぱんに耳あかの除去に行かなければならない場合は、点耳薬を3〜4週間に1回使用することで、耳あかが溜まりにくくすることもできるので、医師に相談してみてください。ただし、使いすぎると外耳道に炎症が生じることもあるので気をつけましょう。

▼耳のかゆみや分泌《ぶんぴつ》物があり、耳たぶを引っぱると痛みを感じる

「**外耳炎**」と呼ばれる外耳道の感染症かもしれません。たえず耳を濡らしていると悪性細菌《さいきん》が入りやすくなるため、特に水泳をする人に多い疾患です。また、自分の耳あかをひんぱんに取ろうとすると、傷ついた皮膚から細菌が入り、外耳の感染症につながることがあります（耳あか自体はやや酸性で、細菌や真菌が繁殖しにくく、感染症からの保護にもなっています）。

外耳の感染症になったと感じたら、医師の診察を受け、抗生剤の点耳薬を使いましょう（ステロイド含有のものもあります）。治療せず放置すると、周囲の皮膚や、ときとして頭蓋骨にまで

感染が広がることがあります。糖尿病のある高齢者、免疫《めんえき》を抑制する薬を服用している患者は、リスクがさらに高まります。

外耳炎になりやすい人は、シャワーや水泳の後、タオルでよく外耳から水けを取るようにしてください。水泳をしている人の場合、外耳道を乾かす助けとなるアルコールベースのスイマー用点耳薬について、医師に相談してみてもいいと思います。

一つ注意しておきたいのは、外耳のかゆみや痛みが感染症の症状だとはかぎらないということです。アトピー性皮膚炎や乾癬《かんせん》（328ジペー参照）も耳の皮膚の病変を引き起こし、似たような症状が出ることがあります。まれにですが皮膚がんも外耳道に生じることがあり、痛みや血液の混じった分泌物が出ます。

▼熱があり、強い耳の痛みを感じる。難聴を伴うこともある

ウイルス、細菌、真菌による「**中耳炎**」の可能性があります。通常はのどか鼻（または鼻孔《びこう》）から始まり、耳に液体が溜まって感染します。

中耳炎はよく子どもに見られる疾患です。子どもの耳管（中耳とのどをつなぐ管）は小さく、大人と比べて配置が異なり、水分が排出しにくくなっています。その結果、細菌が中耳にとどまり、感染症が起こりやすいのです。年を重ねるうちに耳管も成熟し、感染症にかかりにくくなります。外耳の感染症と比べ、中耳の感染症は耳の奥に痛みが生じやすく、横になると悪化します。

また、難聴もよく起こります。

痛みがあれば、イブプロフェン（8時間ごとに400〜600ミリグラム）か、ナプロキセン（1日に2回、220〜500ミリグラム）などの非ステロイド性抗炎症薬（NSAIDs）を投与します。深刻な合併症、たとえば乳様突起炎（耳の後ろの骨に広がる感染症）や顔面神経の炎症、難聴などをさけるには、抗生剤も必要です。その日のうちに診察を受けましょう。

▼周囲から「テレビの音量を下げて」とよく注意される。また、レストランでの会話が聞き取りにくいことがある

難聴の原因として考えられるのは、加齢（老人性難聴）、ひんぱんな騒音、耳にダメージを与える薬の影響などがあります（80ページ参照）。高血圧、糖尿病、喫煙歴のある人は、耳につながっている動脈が狭まっている可能性があるため、リスクが高くなります。たいていの場合、レストランの騒々しさなど、ほかの騒音と競うような状況のとき、聴覚の障害は悪化します。

耳鼻咽喉科の検査で耳あかなどの問題がないことを確認したうえで、徹底した聴覚検査を行うようにしてください。とんでもなく高い補聴器を買うことになるかもしれませんが、聴覚の障害は社会的孤立やうつを招きます。新しいタイプの補聴器は非常に小型で目立たず、携帯電話につなぐこともできます。また、耳にブーンという音を感じるときも、補聴器が助けになるかもしれません。補聴器が役に立たなければ、「移植蝸牛《かぎゅう》刺激装置（人工内耳）」と呼ばれる電子機器を

内耳に埋め込むことになるかもしれません。

▼たえず耳鳴りやブーンという音が聞こえる

耳鳴りとは、片方もしくは両方の耳にブーンという音や反響を感じることです。騒音にさらされた後で起こることがありますが、騒音で内耳の損傷が起こり、聴覚が失われることもあります。特に明確な原因がないときに起こる耳鳴りもあります。発症のリスクが高いのは、喫煙者（やはり禁煙は必要ですね）や高齢者です。実のところ、耳鳴りは高齢者にはよくあることで、年齢による難聴（老人性難聴）を伴うことも多いです。まれに、血管の異常（脈動音が聞こえる）、耳の腫瘍《しゅよう》、または首、あご、頭部の疾患などによっても起こることがあります。

非対称性の耳鳴り（片耳だけに起こる耳鳴り）の場合は、特定の局部疾患によるものかもしれないため、耳鼻咽喉科の検査が必要です。めまいを伴って突発的に起こる耳鳴りも、すぐ検査を受けるようにしてください。

わずらわしい耳鳴りの症状をさけるためには、騒音にさらされるとわかっているとき（コンサートやサッカーの試合など）は耳栓《みみせん》をし、ヘッドフォンの音量も通常の80％以下に下げることです。耳鳴りの症状があれば病院で聴覚検査を行うのがいいですが、症状によっては頭部のＭＲＩ検査を実施することもあります。

▼新しい薬を2〜3週間服用したのち、難聴が起こった

薬が難聴、耳鳴り、回転性めまいを引き起こすことがあります。たいていは薬をやめれば症状も消えます。とはいえ、重度の感染症に使うアミノグリコシド系の抗生剤（ゲンタマイシン、トブラマイシン、ネオマイシン）など、持続的なダメージをもたらすことがある薬もあります。こうした薬を処方する場合、通常は医師が薬物投与量の綿密な検査を行います。シスプラチン、フルオロウラシル、ナイトロジェンマスタード、ブレオマイシンなどの化学療法も、持続的な難聴を起こすことがあります。

耳に一時的な副作用をもたらす薬には、エリスロマイシンやテトラサイクリンなどの抗生剤（肺炎やにきびの薬）、フロセミドなどの利尿薬（商品名〈ラシックス〉など）、クロロキンやキニーネなどのマラリアの薬、高用量のアスピリン（325ミリグラムの錠剤を1日16錠以上服用する場合）があります。アセトアミノフェン（商品名〈タイレノールA〉など）やイブプロフェンを1週間に2回以上、長期にわたって服用している場合も、難聴や耳鳴りが起こることがあります。薬をやめる場合、必ず前もって医師と相談してからにしてください。

▼難聴、耳鳴り、ひんぱんな回転性めまいが起こる

ときどき回転性めまいが起こり（20分〜2、3時間続く）、難聴や耳鳴りがある場合、「**メニエール病**」の可能性があります。通常は20〜40歳の人が発症する疾患です。内耳の過剰な液圧が

原因だと考えられています。塩辛い食べ物、カフェイン、アルコール、グルタミン酸ナトリウム（化学調味料の一種）、ストレス、喫煙などが発作の引き金になります。医師からは発作時に服用すべき薬を処方されます。利尿薬の投与と減塩食事療法を行い、耳の中の液圧を下げ、発作を減らします。動脈瘤《りゅう》（血管の膨張）、腫瘍《しゅよう》、動脈硬化など、症状のもっと深刻な原因がほかにないか調べるため、脳のMRI検査を実施することも多いです。

レベル3 救急外来を受診すべきケース

▼突然、聴覚が失われた、もしくはひどい耳の痛みが起こった

内耳の感染症、耳に通じる動脈の閉塞、鼓膜が破れたなどの可能性があります。すぐに検査を受け、適切な処置をしてもらいましょう。

▼耳の痛みとともに、頭痛、錯乱、首の硬直などの症状がある

耳の感染症が頭蓋に広がり、髄膜炎《ずいまくえん》（脳の外膜の炎症）、血栓《けっせん》（脳から血液を排出する静脈に生じる）、脳そのものの感染症などを引き起こしている可能性があります。

首のしこり

編集／マーク・アイゼンバーグ（コロンビア大学医療センター准教授）、クリストファー・ケリー（コロンビア大学付属NYプレスビテリアン病院循環器内科医）

首は頭蓋《ずがい》と胸郭《きょうかく》の間にあり、美しくしなやかに動きます。脊髄《せきずい》、血液が頭部に出入りするための主要な血管、食道（口と胃を接続）、気管（口と肺を接続）、甲状腺《せん》（新陳代謝を調節）、副甲状腺（カルシウム値を調節）、複数のリンパ節（免疫《めんえき》細胞の集まり）などが首を構成しています。どれをとってみても、飢えた襲撃者があなたを殺そうとしたら、首を狙うのがベストと考えるのは当然といえます。

首は全体が骨におおわれてはいないため、しこりやこぶが見つかりやすい部位です。たった今気づいたこぶも、実は前からあったものだったりします。たとえば、首のV字形になっている部分のふもとを触ると、喉頭《こうとう》に輪状の軟骨がおさまっているのがわかります。男性の場合、首中央部にもう一つの硬い部分としてのどぼとけがあり、物を飲み込むときにはそれが上下します。

しかし、それ以外のしこりは新たな疾患《しっかん》の兆候かもしれません。普通のカゼから進行性のがんまで、さまざまな可能性があります。自然に消えるか、様子を見るべきでしょうか？　それとも、すぐにでも病院に駆け込んで検査を受けるべきでしょうか？

レベル1 落ち着いて対処すればいいケース

▼カゼの症状（発熱、セキ、のどの痛み、鼻水など）があり、触ると痛い首のしこりがある

首のしこりの原因として、一番一般的で危険が少ないのは「**上気道感染症**」です。普通のカゼを含む感染症や、伝染性単核症が原因になることが多くあります。痛みのあるしこりは、感染症に反応して腫《は》れたリンパ節です。リンパ節は普通はやわらかく、動き、首の両側に存在します。抗生剤が必要なことはまれで、1～2週間で正常に戻ります。大きめ（1チセン以上）の腫れが2週間以上続くときは、首のスキャンなどの検査が必要になってきます。

ただし、コンドームを使わないセックスなどＨＩＶ（ヒト免疫不全ウイルス）のリスク要因がある場合、熱、頭痛、のどの痛み、やわらかい首のしこりがＨＩＶ感染の兆候という可能性もあります（次の「診察を受けたほうがいいケース」の85ジペーを参照してください）。

レベル2 診察を受けたほうがいいケース

▼子どものころから首の中央に小さなしこりがあり、舌を出すとそれが上に移動する

この首の症状は、発達段階で小さな間違いが生じてできた、「**甲状舌管嚢胞《のうほう》**」と呼ばれる円形の組織によるものです。この嚢胞は、首中央近く、あごから2・5～5チセンほど下にできます。舌とつながっていて、舌と一緒に動きます。首のスキャン検査により診断します。嚢胞は感染症になる恐れがあるため、通常は除去します。

▼首の中央近くにしこりがあり、いつも熱を持っていて、意図せず体重が減っている

「**甲状腺腫《しゅ》**」と呼ばれる甲状腺の肥大が生じているか、甲状腺に小結節と呼ばれるしこりができている可能性があります。甲状腺は新陳代謝の調節を助けています。異常な腫瘍《しゅよう》ができると甲状腺ホルモンの無秩序な分泌《ぶんぴつ》をうながし、過剰な新陳代謝を起こします（甲状腺が肥大すると甲状腺機能が低下することもあり、新陳代謝が停滞し、体重増や疲労につながります）。血液検査と首の超音波検査が必要です。しこりが1チセン以上の大きさなら、生体検査（生検）も行うことになるかもしれません。

▼一つかそれ以上の圧痛のないしこりがある。メキシコ、インド、東南アジア、サハラ以南のアフリカに最近行ったばかり

高級スパや、地元の男性が行く隠れ家的な場所に行きましたか？　旅先で裏道をのぞきに行く習慣があるようなら、結核をもらってきた可能性もあります。発熱、寝汗、体重減、慢性的なセキなどの症状が出ます（こうした症状が出ていたら、すぐに病院に行きましょう）。ただし、結核がまず首のリンパ節に感染することもあり、その場合は腫れたリンパ節を採取して検査したうえで診断することになります。

▼触ると痛いしこりが複数ある。2〜3週間以内にコンドームなしのセックスをした

ＨＩＶに感染した可能性があります。初期の段階では、発熱、頭痛、のどの痛み、触ると痛いリンパ節の腫れなど、インフルエンザに似た症状を発症します。もちろん、ほかのウイルス感染（伝染性単核症など）によっても同様の症状が出ることはありますが、ＨＩＶ感染の可能性があるなら検査を受けてください。問題から目をそらしても病気は消えませんし、予防できるはずの合併症まで招いてしまうこともあります。

▼石のように硬い、動かないしこりがある

１ヵ所から動くことのない硬いしこりは、がんの可能性が高いです。長年の喫煙者や大酒飲み

の場合、特に頭部や首のがんのリスクは高くなります。病院で検査を受けましょう。多くの場合は首のスキャン検査も実施します。

▼すでにがんがある

がんはしばしば首などのリンパ節に広がり、そこからほかの器官に転移することがあります。がんが進行しているかどうかの緊急検査（リンパ節の細胞の活動を見るPET［陽電子放射断層撮影］検査など）が必要になるので、しこりができたらすぐにがんの主治医に知らせてください。

▼何度も高熱が出て、大きなしこりが一つできている

伝染性単核症などの重度のウイルス感染症かもしれませんが、のどや首への細菌《さいきん》感染も考えられます。医師に相談し、まず抗生剤を投与して症状が改善するかを見ます。しこりが消えなければ、首のスキャン検査を行い、感染症が持続しているのか、あるいはリンパ腫（発熱や寝汗を引き起こすリンパ節のがん）などのほかの原因があるかどうかを調べることになります。

▼あなたのしこりが、前述のどの症状にも当てはまらない場合

急激に大きくなったり、2週間以上消えずにあるしこりは、首のスキャンなどの詳細な検査が

必要です。なんの問題もない可能性もありますが、危険を見逃さないためにも診察は受けましょう。

レベル3 救急外来を受診すべきケース

▼くぐもった声になり、物を飲み込むのがつらい

こうした症状が出る場合、しこりがのどの重要な器官を圧迫している可能性があります。緊急の検査を受けて原因を突き止め、気道の閉塞《へいそく》をさけるようにしてください。

のどの痛み

編集／マーク・アイゼンバーグ（コロンビア大学医療センター准教授）、クリストファー・ケリー（コロンビア大学付属NYプレスビテリアン病院循環器内科医）

トローチ剤の紙包みが山になっている？　唾《つば》を飲み込むにも顔をしかめてしまう？　のどの痛みはひどく不愉快なものですが、幸い、普通はそれほど危険なものではありません。

のどの痛みは、医療用語では「咽頭炎《いんとう》」といいます。多くはウイルス感染で発症し、2〜3日のうちに自然によくなります。そのほかののどの痛みの原因としては、連鎖球菌《きん》咽頭炎などの細菌感染、タバコの煙や乾燥した空気のような環境的な刺激物があります。

原因にかかわらず、メントールを含んだトローチ剤でいくらか和らぐこともありますし、効かなければベンゾカイン含有のトローチ剤やスプレーでもいいでしょう。しかし、一番いいのは根本的な問題に対処することです。もちろん、それが何かを知るには本書を読む必要がありますが。

さて、必要なのは新しい加湿器、それとも抗生剤の処方箋《せん》？

レベル1　落ち着いて対処すればいいケース

▼頭痛、セキ、鼻水の症状を伴っている

のどの痛みの多くはウイルス感染によるもので、普通のカゼもそこに含まれます。ほかに、発熱、目の不快感、セキ、声のかすれなどの症状が出ます。鎮痛薬（アセトアミノフェン［商品名〈タイレノールA〉など］）や充血緩和薬（プソイドエフェドリン）などが症状緩和の助けになり、1週間もしないうちに回復します。症状が長引いたり、セキとともに濃い痰《たん》や緑の痰が出たりするようになったら、医師の診察を受けるようにしてください。

▼空気に何か混じっている

タバコの煙、花粉、動物の体の鱗屑《りんせつ》、家庭用掃除機から生じる浮遊刺激物などが、のどの痛みを引き起こすことがあります。もしそのほかにアレルギーの症状（目のかゆみ、鼻水）があれば、市販の抗ヒスタミン薬（ロラタジン、セチリジン、レボセチリジン）などを試したほうがいいでしょう。また、原因となった刺激物はできるだけさける必要があります（同居人と飼いネコを追い出したければ、その口実にもなるかもしれません）。

▼冬が来た

晩秋から冬にかけての冷気は、のどを乾燥させ、刺激をもたらします。のどの痛みやむずむず感で目を覚ますこともありますが（ひと晩中乾いた空気を吸い込んでいたせいです）、時がたつ

につれてよくなっていきます。寝室に加湿器を置けば改善されると思います。

▼昨夜、スポーツ観戦で騒ぎすぎた

過剰にどなることでのどの筋肉を痛め、のどの痛みや声のかすれを引き起こすことがあります（近くに座っていた家族も耳がおかしくなっているかもしれませんが）。温水でうがいをし、声を抑えてしゃべるようにしましょう。激しい野次を飛ばすのはやめて、もっと保守的なこと、たとえばひいきチームのカラーでボディペインティングをしてみてはどうでしょう？

▼のどに苦みが感じられ、胸焼けがある

「胃酸逆流」を起こしているかもしれません。胃から酸が口に向かって戻り、のどを刺激するとこうした症状が出ます。詳細と解決策は103ジペーを参照してください。

レベル2 診察を受けたほうがいいケース

▼扁桃腺《へんとうせん》に白い斑点《はんてん》が出た

カメラのフラッシュを使い、のどの奥の写真を撮ってみましょう。口内の奥に下がっている球状のもの（正式名称は「口蓋垂《こうがいすい》」）の両脇が扁桃腺です。扁桃腺に白い斑点があれば、「**連鎖球菌咽頭炎**」かもしれません。のどの痛みが、抗生剤が必要ないウイルス感染性のものか、それとも必要になる連鎖球菌咽頭炎なのかは、判別が難しいのです。ただ、後者であれば、高熱や首のリンパ節の腫《は》れがあり、セキや鼻水は出ないのが普通です。

病院に行けば、医師がすぐに連鎖球菌検査を行って確認してくれます。検査結果が陽性なら、抗生剤を使えば症状はすぐに改善し、まれにあるリウマチ性心疾患《しっかん》などの合併症もさけることができます。

▼口内とのどの全体に白い斑点がある

「**口腔《こうくう》カンジダ症**」と呼ばれる真菌感染症かもしれません。のどの痛みが生じ、口蓋（口内の上の部分）、舌、扁桃腺に小さな白い斑点ができます。免疫《めんえき》抑制の兆候であることが多く、口内だけに症状が出る（喘息《ぜんそく》か慢性閉塞《へいそく》性肺疾患［ＣＯＰＤ］のステロイド吸入が原因の可能性がある）場合と、全身に症状が出る（ＨＩＶ［ヒト免疫不全ウイルス］、エイズなどの感染症のステロイド錠剤が原因の可能性がある）場合とがあります。医師に相談して検査を受けましょう。

▼ベッドから出ることもできない

たとえインフルエンザ・ワクチンを打っていたとしても、インフルエンザにかかった可能性があります。発熱、体の痛み、疲労、頭痛、のどの痛み、セキなどが通常の症状です。休養し、水分を大量にとり、アセトアミノフェン（商品名〈タイレノールA〉など）の解熱鎮痛薬を服用すれば、まず2週間以内には回復するでしょう。

症状が出て48時間以内なら、抗ウイルス薬（オセルタミビル［商品名〈タミフル〉など］）も処方してもらえると思います。インフルエンザは、肺炎など命に関わる重度の合併症を引き起こすこともあるため、本当に症状がひどいときにはすぐに病院に行き、診察を受けましょう。

▼キスしてはいけない相手とキスしている

「**単核球症**」は、キスで伝染する疾患として知られていますが、感染するのは必ずしもキスとはかぎりません。単核球症は、唾液《だえき》によって運ばれたエプスタイン・バール・ウイルスで感染します。よく見られる症状としては、発熱、疲労、のどの痛み、首のリンパ節の腫《は》れなどがあります。また、肋骨《ろっこつ》の左脇の下にある脾臓《ひぞう》が腫れて痛む場合もあります。

単核球症かどうかは、簡単な血液検査で確認できます。陽性と出たら、2～3日は安静にしてください。脾臓が腫れたら、2～3週間は人と接触するスポーツは控えてください。腫れた脾臓は、自分の血液で満たされた水風船のようなものです。誰かにタックルされたくはないはずです。

▼症状が2週間以上続いている

のどや喉頭《こうとう》に腫瘍《しゅよう》ができると、のどの痛みが長引くことがあります。そのほかに、体重減、耳の痛み、血の混じった唾液《だえき》、目立つ首のしこりなどの症状も出ます。喫煙や噛《か》みタバコの習慣がある人は、リスクが高くなります。首の精密検査を行ったのち、のどの精密検査ができる専門病院を紹介されることが多いです。

レベル3 救急外来を受診すべきケース

▼ひどいのどの痛みのほか、発熱、嚥下《えんげ》困難、声の変化などの症状がある

片方の扁桃腺の周辺に膿瘍《のうよう》（膿《うみ》の集まり）があるかもしれません。もしそうならすぐに抗生剤を投与し、膿を抜く必要があります。

▼首の片側の血管が明らかに腫れ、触ると痛む

まれにのどの感染症が頸《けい》静脈（脳から血液を運ぶ首の主要血管）に広がり、血栓《けっせん》が生じることがあります。詳しい検査のために救急外来で診察を受け、抗生剤、場合によっては抗凝固薬も静脈投与します。

▼高熱があり、心拍が速く、頭が朦朧《もうろう》とする

のどか首、もしくは両方に重度の細菌感染があり、血液にも広がっているかもしれません。すぐに救急外来へ行き、点滴と抗生剤の投与を受けてください。

ちょっと診察

インフルエンザの豆知識

▼インフルエンザ・ワクチンを打ったせいでインフルエンザにかかる↓×

インフルエンザ・ワクチンには不活性化されたウイルスが含まれており、これがインフルエンザを引き起こすことはありません。ただ、注射に対して小さな反応が出ることはあります。たとえば、注射を打った場所が1～2日にわたっていくらか赤くなり、痛むことがあります。頭痛、発熱、体の痛みが1～2日続く人も少数いますが、これはインフルエンザではなく、免疫がワクチンに反応しているのです。生後6ヵ月以上なら誰でも、インフルエンザ予防のワクチンを打ったほうがいいでしょう。

▼昨年インフルエンザ・ワクチンを打ったので今年は必要ない↓×

人は年を取るにつれて変化します。インフルエンザのウイルスも同じで、流行のシーズンが来るごとに変化や進化があります。新しく更新されたインフルエンザの予防接種を毎年受けることが重要で、通常は10月か11月に受けるのが望ましいです。米国では11～4月がインフルエンザのシーズンですが、その間に人々を直撃しそうなインフルエンザのさまざまな種類をカバーするべく、ワクチンに含まれる内容も変化していきます。

▼インフルエンザ・ワクチンを打ってもインフルエンザになることがある↓○

インフルエンザ・ワクチンを打ってもインフルエンザにかかることはあります。ただし、かかる可能性は大きく下がりますし、軽症で済むことが多いです。

▼妊娠していたらインフルエンザ・ワクチンを受けるべきではない↓×

インフルエンザは、特に妊娠中の女性がかかると重症化することがあり、ときには死にもつながります。このため、妊娠期間のいつかに関わりなく、ワクチンの接種が可能になった段階で、できるだけ早く受けることが必須です。ワクチンを接種すると、出産後の子どもに対しても予防効果が持続し、子ども自身がワクチンを受けられる年齢になるまでの期間を埋め合わせてくれます。

▼卵アレルギーがあるならインフルエンザ・ワクチンを受けるべきではない↓×

インフルエンザ・ワクチンの中に少量の卵が含まれていることがありますが、きわめて少量なのでアレルギー反応を起こすことはありません。卵で命に関わるようなひどいアレルギー反応を起こしたことがあっても、インフルエンザ・ワクチンを受けることはできますが、用心のため医師に事前に伝えておくと安心です。

インフルエンザ・ワクチンを打つべきでないのは、ワクチン注射そのもので深刻な反応（アナフィラキシー）を起こしたことがある人だけです。

▼インフルエンザになったら症状を止める手だてはない↓×

インフルエンザにかかったと思ったら、医師に頼めば抗ウイルス薬（オセルタミビル［商品名〈タミフル〉など］）を処方してくれると思います。感染して最初の48時間の間に使うと非常に効果的です。

▼インフルエンザのシーズン中、石けんかアルコールの消毒剤で手を洗う習慣を身につけるとインフルエンザにかかりにくくなる↓○

インフルエンザのウイルスは、会話、セキ、くしゃみなどで飛んでくる唾液の飛沫《ひまつ》によって運ばれます。飛沫が皮膚などに飛び、指についたりすると、その指で目や口を触れれば感染します。

身の安全を守るには、インフルエンザの症状（発熱、頭痛、体の痛み、疲労感、のどの痛み、セキ）がある人との接触をさけ、1日に何回かは手を洗うか消毒し、人の多い場所にいるときは自分の顔を触らないようにしましょう。

第2章

胸と背中

胸の痛み

編集／マーク・アイゼンバーグ（コロンビア大学医療センター准教授）、クリストファー・ケリー（コロンビア大学付属NYプレスビテリアン病院循環器内科医）

胸の痛みというのは笑いごとではありません。本当です。胸の痛みの話をするとき、おもしろおかしいことを考えようとしても、何も出てきません。医師の前で、「押し潰されるような胸の痛みがあります」と話して、その後「実は冗談です」といっても、相手はおもしろがってはくれません。

当然のことですが、胸の痛みの一番の心配は、心臓発作の兆候かもしれないということです。つまり、適度な血流を受けられていない心筋があるということです。心臓発作はまたたく間に致命的な合併症を引き起こすことがあり、死にもつながるため、心臓発作の診断が出ると医師たちは落ち着きを失います。たいていの救急治療室では、胸痛を訴える患者は到着から10分以内に診察しなければなりません（これは真剣に警告しておきますが、爪先《つまさき》の感染症なのに「胸が痛い」と叫んで行列の一番前に割り込んでも、誰も笑って許してはくれません）。

胸の痛みで救急車を待っているときの気休めになることをいっておくと、胸の痛みの原因は、ただのガス、もしくは筋肉が引っぱられているだけということが多いです。でも、どうしたらそれがわかるでしょう？　緊急の心臓手術が必要なのか？　それとも胸焼けの薬だけで十分？

レベル1

落ち着いて対処すればいいケース

▼胸を張った後、体をねじったり両腕を上げたりすると鋭い痛みを感じる

ひょっとして、昨日は仕事をさぼり、筋トレに励んでいませんでしたか。あるいは野球の試合を観に行き、あばら骨にファウルボールを受けたのではないでしょうか。なんにせよ、胸をねじったときに痛みが増すようなら、筋肉痛か肋骨《ろっこつ》の骨折が考えられます。痛みで動けないということでもなければ、アイスパックで冷やし、イブプロフェンを含む鎮痛薬を服用しましょう。胸に強い一撃を受けた後、息切れがしたり、あちこちの肋骨が痛む場合は診察を受けましょう。

▼深く息を吸うと、1ヵ所に鋭い痛みを感じる

肋骨の間の筋肉を伸ばしてしまうと、深呼吸をしたり胸を張ったりすれば強い痛みが出ます。イブプロフェンを含む鎮痛薬か、アセトアミノフェン（商品名〈タイレノールA〉など）が効くと思います。ただし、発熱、寒け、セキなどの症状が伴うときは、肺炎の可能性があります。感染した領域に近い胸の周辺に炎症が起こると、深呼吸で痛みを感じます。肺炎だと思ったら、その日のうちに医師の診察を受けましょう。

▼2〜3秒間胸の痛みを感じたものの、その後消えて痛まなくなった

本当に怖いタイプの胸痛は、まずそんなに遠慮がちでも短命でもありません。1回だけの不快な短い痛み（持続時間1分未満）は、ガスか、一時的な筋けいれんが原因と見られます。もう一度痛みが起こるかどうか、少し様子を見ても大丈夫です。

▼ずっとひどいセキが続いていて、セキをすると胸に強い痛みを感じるようになってきた

何度もセキをしているうちに、胸にある筋肉を伸ばしてしまうことがあります。また、口から肺へと続く気道に、セキのせいで炎症が起こる場合もあります。どちらの場合も、セキをすると鋭い胸の痛みが起こります。幸い、どちらも深刻なものではありません。むしろ、セキそのものの診察を受けたほうがいいかもしれません（126ジペー参照）。

レベル2 診察を受けたほうがいいケース

▼激しく動いているときに胸の痛みを感じ、休むと和らぐ

心筋へ血液を供給する動脈に、深刻な閉塞《へいそく》（プラーク）が起こっているかもしれません。閉塞があると、激しい動きをしてさらに血液が必要なときも、心臓に十分な血液が行かなくなります。

心拍数が下がってリラックスすれば、血流も適度な状態に戻り、痛みも減ります。できるだけ早く医師の診察を受けてください。おそらく、ランニングマシンで走りながら心臓をモニタリングする、ストレス検査が必要になります。ひんぱんに痛くなったり、休んでいるときや軽い動きのときでも痛みが出たりしたら、救急外来に向かいましょう。

▼胸に強い痛みが出ることがあるが、前傾するとよくなり、それ以外はまったく異常がない

心臓をおおっている膜の炎症、「**心膜炎**」が起こっているかもしれません。合併症として、心臓の周囲に過剰な心嚢液《しんのう》が溜まったり、損傷が生じたりすることがあり、正常なポンプ機能のサイクルが阻害されます。心膜炎単独で発症することもあれば、ひどいカゼの最中か直後に発症することもあり、また、狼瘡《ろうそう》（皮膚が破壊されて結節・潰瘍《かいよう》・瘢痕《はんこん》などができる病気）などの深刻な疾患《しっかん》の兆候である場合もあります。できるだけ早く医師の診察を受けてください。頭が朦朧《もうろう》としたり、ひどい息切れを伴ったりする場合は、すぐに救急外来に行ってください。

▼何か食べた後、もしくは横になったとき、焼けるような胸の痛みが生じる。口の中に酸っぱさを感じることもある

胃の消化液が口に向かって逆流してくる、「**胃酸逆流**」が起こっているのかもしれません。口と胃をつなぐ食道は、胃酸が触れるのを好まないため、不快感を示すために痛みを訴えているのです。水を1杯飲んで痛みが和らぐようなら、胃酸逆流だと考えていいでしょう（水は酸を胃に流し戻します）。制酸薬を服用し、胃酸を中和しましょう。これが効かなければ、胃酸そのものを抑制するオメプラゾールを含む薬を試しましょう。症状（もしくは薬が必要な状態）が2週間以上続くようなら、医師に相談しましょう。

レベル3 救急外来を受診すべきケース

▼ずっと圧迫されているような強い胸の痛みが数分続き、その後も回復しない

心筋に血液を供給する動脈が閉塞し、心臓発作が起こっているのかもしれません。影響を受けている心臓の一部が、助けを求めて強い痛みを発しているのです。片腕もしくは両腕にも痛みが出たり、息切れを伴ったりするケースもあります。救急外来で診察を受けなければ、影響を受けた部分の心臓が機能しなくなり、その過程で危険な不整脈（心臓のリズムが異常をきたす状態）が生じ、ますます容態が悪くなります。救急車を呼んでください。

▼非常に背が高い、または高血圧の病歴がある人で、突然、強く持続的な激しい痛みを感じた

大動脈、すなわち心臓から血液を受ける太い血管の壁に破れ（解離）が生じているかもしれません。焼けるような、切り裂かれているような、想像を絶する強い痛みが生じます（心臓発作を起こした人間は死ぬことを恐れますが、大動脈解離を起こした人間は死なないことを恐れるとさえいわれます）。大動脈解離はＣＴ（コンピュータ断層撮影）スキャンや超音波などの検査で確認できます。

リスク要因として、動脈の壁が弱い遺伝子条件を持っている（マルファン症候群など。背が高い、指が長いといった特徴のある疾患）、うまくコントロールできていない高血圧を長年抱えているなどがあります。解離を放置すればするほど死亡リスクも高まります。すぐに救急車を呼んでください。

▼息切れがする

胸の痛みと息切れはまずい組み合わせで、心臓発作、心嚢液貯留、肺血栓《けっせん》、重度の喘息《ぜんそく》発作、肺炎などの可能性があります。いずれもすぐに救急外来で治療を受ける必要があります。

▼強い胸の痛みのほか、発熱とセキがある

肺の感染症、「**肺炎**」にかかっているかもしれません。その日のうちに診察を受けてください。それが不可能な場合、または頭が朦朧としたりひどい息切れがある場合は、そのまま救急外来に向かいましょう。

動悸

編集／マーク・アイゼンバーグ（コロンビア大学医療センター准教授）、クリストファー・ケリー（コロンビア大学付属ＮＹプレスビテリアン病院循環器内科医）

通常の環境で自分の心拍を感じるのは、ジムで張りきって運動したり、おばけ屋敷に入ったり、恋する相手とじっと見つめ合ったりしたときくらいです。ただ何もせずのんびりしているのに、急に心拍数が上がったり、脈が飛んだり、胸が叩かれているみたいに心臓が高鳴ったりしたときは、何か問題が起こっているかもしれません。さらに、頭が朦朧《もうろう》としたり、胸痛が出たりした場合は、心臓が血液を送り出そうと必死にスピードを上げているところなので、間違いなく問題が起こっています（横になって助けを呼びましょう）。

心拍が速まったり不規則になったりする症状を、医療用語では「動悸《どうき》」と呼びます。動悸があっても意識がはっきりしているときは、自分の脈（心拍数）を調べてみましょう。まずタイマーか秒針のある時計を用意します。次に、右手の人さし指と中指を、左手首の手のひら側、親指のつけ根から2・5センチほどの下の場所に当てます（左右は逆でもかまいません）。そこから15秒間の心拍数を数え、その数を4倍にします。それが1分当たりの心拍数です。

安静時の正常な心拍数は1分当たり60～100回ですが、若く健康であれば50回台ということもあります（トレーニングを積んだ耐久スポーツの選手であれば、40回台、ときには30回台の人もいます)。運動や強い感情的反応(たとえば恐怖とか)に対しては、220から年齢をマイナスした数の心拍数を超えるとよくないとされます。どんな状況においても心拍は規則的であるべきですが、ときどき脈が増えたり飛んだりする程度は大丈夫です。

さて、胸がドキドキするのは恋をしている証拠なのでしょうか? 神経に悪いところがあるのでしょうか? それとも、すぐ救急車を呼ぶべきでしょうか?

レベル1 落ち着いて対処すればいいケース

▼コーヒーを大量に飲んでしまった

カフェインは交感神経を刺激し、心拍数を上げ、脈を増やすことがあります。多量のカフェインをとれば目は覚めますが、その後5時間苦しむことにもなりかねないので、疲れているなら別の解決策も考えましょう。たとえば、もっとよく眠ってみるのはどうでしょう(31ジペーにいくつかヒントを載せています)。

▼妊娠中

妊娠中に心拍数が増える感じがするのは正常です。赤ちゃんには当然自分の心臓がありますが、大きな負担になる仕事は全部お母さんの心臓にかかります。妊娠期間中は、胎盤《たいばん》が赤ちゃんに栄養や水や酸素を提供して発育をうながし、心臓はその胎盤に血液を送り込まなければなりません。お母さんとその体内の小さな住人を両方とも支えるため、妊婦の心臓は速度を上げ、必死に膨張して脈打ちます。とはいえ、ひんぱんに脈が飛んだり増えたりする、あるいは1分当たりの心拍数がつねに100回を超えるようなことがあれば、産科医に相談してください。

▼β《ベータ》遮断《しゃだん》薬（メトプロロールやアテノロールなど）を使用していたが医師の指示でやめたばかり

高血圧や心不全などに用いられるβ遮断薬は、心筋にある受容体を遮断することで、心拍数を下げます。時間がたつにつれ、薬効を減らすために細胞が新しい受容体を育て、ときには投与量を増やさなければならないこともあります。

この薬をやめると、増えた受容体のせいで、心臓が刺激に対して非常に敏感になります。β遮断薬をやめるときは、まずは少しずつ投与量を減らし、心臓にも調整期間を与えたほうがいいと思います。

▼カゼやインフルエンザの薬を服用している

カゼやインフルエンザの市販薬の多くは、プソイドエフェドリンやフェニレフリンのような刺激薬を含み、これが鼻の血管を収縮させて鼻の粘液を減らしてくれます。しかし残念ながら、この刺激薬は心臓にも刺激を与え、動悸や血圧の上昇につながることがあります。薬をやめれば症状もすぐおさまります。

▼喘息《ぜんそく》や肺疾患《しっかん》がある

喘息や慢性閉塞《へいそく》性肺疾患（ＣＯＰＤ）の吸入薬には、β作動薬と呼ばれる化学物質が含まれ、これが心臓を刺激し、動悸を起こすことがあります。症状がひどいようなら、医師と相談して吸入薬を替えてもらいましょう。

レベル2 診察を受けたほうがいいケース

▼ひんぱんに脈が飛んだり増えたりする

たいていの場合、頻脈《ひんみゃく》は（たとえひんぱんでも）問題にはなりません。１日に１～２回なら心配する必要はないでしょう。

１日中動悸が続いた場合も、おそらく心配はないですが、検査は受けておいたほうがいいでしょう。まずは心電図（ＥＣＧまたはＥＫＧとも呼ばれます）を記録するため、胸に電極をつけ、心臓の電気信号を拾います。次に心臓超音波検査（いわゆる心エコー検査）で、心臓の構造や機能が正常であることを確認します。最後に血液検査を行い、カルシウムやマグネシウムなどの電解質に異常値がないかを調べます。

検査結果がすべて正常と出たら、まず心配はありません。が、それでも動悸が続くときは、ホルター心電図（24時間以上にわたって装着できる心電図）をつけるように指示されるかもしれません。これによって頻脈が本当にひんぱんに（1日何万回というレベルで）生じていることがわかれば、アブレーション治療（カテーテルという細い管を血管から心臓に入れて、頻脈の原因となる電気回路を遮断する治療）によって頻脈の源をなくす必要が出てきます。

それ以外で、頻脈に対して治療が必要なケースは、痛みや不快感があるときだけです。場合によっては、もっとよく眠る、カフェインを減らす、小さなことにくよくよしない（そうです、すべては小さなことです）といったことを実行するだけで改善する場合もあります。それでもまだ動悸が続くようなら、心拍数を下げるため、β遮断薬の処方を医師に頼んでみてください。

▼心拍が速まり、その状態が2〜3秒以上続くという症状がひんぱんに起こる

検査を受ける必要があります。まずは心電図を実施して安静時の心拍を調べ、心エコーで心臓の構造と機能を検査し、それから血液検査で電解質に異常がないか見ます。動悸の原因を突き止めるため、ホルター心電図をつけて心拍を調べることもあります（これらの検査については前の項目参照）。

検査で判明したことに基づき、異常な拍動を改善するための薬を投与するか、アブレーション治療によって問題のある心臓細胞を焼灼《しょうしゃく》（除去）することをすすめられると思います。

▼酒を大量に飲んだ

米国では、毎年クリスマス前後になると、エッグノッグ（卵、牛乳、砂糖を混ぜた飲み物。アルコールを加えることもある）を飲みすぎて動悸が激しくなる人が出てきます。深酒で起こるのはよくあることなので、「ホリデー・ハート」などといわれることもあります。病院に行って心拍を検査し、動悸の原因がほかにないか調べましょう。普通、酒を控えればすぐ心拍も回復します。ただし、深酒はほかの深刻な症状、たとえば心筋が弱くなる心筋症などを起こすこともあります。節度を保って飲むのはいいですが、1日1～2杯にしておいたほうがいいでしょう。

▼たえず体が熱く、体重が減っており、虚弱になっている

体重減は気にならないかもしれませんが、甲状腺《せん》機能亢進《こうしん》症の検査は受けるべきです。甲状腺は首の前側にあるやわらかい器官で、新陳代謝の調節を助けます。甲状腺が過剰に働くと、ふるえ、下痢《げり》、体重減、ほてり（暑くていつも窓をあけたり、エアコンをつけたりするようになる）などの症状が出ます。心臓も過剰に働き、異常な脈拍になることがあります。なぜ甲状腺が過剰に活動するのか調べてもらいましょう。通常はいくつかの血液検査と超音波検査を実施します。

▼脳卒中の病歴がある

脳卒中を起こしたことがある人で動悸の症状が出る場合、「**心房細動**」の可能性があります。これが脳卒中を引き起こすこともあるので、放置しておくと危険です。心房細動とは、心臓の上の二つの部屋（血液を集める心房）が速くて不規則なリズムで拍動し、下の二つの部屋（血液を送り出す心室）と同調しなくなる状態のことをいいます。

血液は心室に入ってきます（でなければすぐに死んでしまいます）が、血液の一部が心房に少し長くとどまると、血栓《けっせん》ができることがあります。この血栓が左心室に落ちていくと、そのまま脳に送り込まれて通常の血流を閉塞させ、脳卒中の原因となります。このため、心房細動のある人には血栓を作らないようにするための抗凝固薬が必要です。さらに、追加の投薬（β遮断薬やカルシウム拮《きっ》抗《こう》薬）を行うことで、心拍数を下げる助けとなるかもしれません。

▼世界に閉じ込められるかのような恐怖感がある

パニック発作により、動悸や、破滅がやってくるという恐怖が生じているのかもしれません。こうした発作がひんぱんに起こるようなら、「**パニック障害**」という疾患です。医師に相談して精神科医を紹介してもらい、治療や投薬の選択肢を探ることをおすすめします。

▼ペースメーカーを入れている

ペースメーカーを入れているということは、心臓に異常があるということです。ペースメーカーを入れることになった原因が、動悸につながっているのかもしれません。ただ、よく頻脈が首に強く感じられる場合、ペースメーカー自体の問題の可能性もあります。心臓外科医に調べてもらってください。

▼激しい動きをすると動悸や胸の痛みが生じる

血液を心筋に供給する冠動脈に閉塞があるかもしれません。こうした閉塞は、あなたが活発に動いていて、心筋が最も血液を必要とするときにこそ、大きな問題を起こしがちです。血液を十分受けられていない心臓の一部で痛みが出たり、異常な働きが生じたり、異常なリズムの心拍が起こったりします。すぐに病院に行ってストレス検査（運動時の心臓機能の確認）を受けましょう。ひんぱんな胸の痛みや、活発に動いていないときにも痛みを感じたら、すぐ救急外来に向かってください。

レベル3 救急外来を受診すべきケース

▼動悸がして頭が朦朧としている、もしくは意識を失った

心臓はほかの体内器官に血液を送り出すための器官なので、血液を溜めるのにも、収縮して血液を送り出すのにも、十分な時間が必要です。心臓がものすごい速さで拍動を始めたら、このサイクルをまっとうする十分な時間が得られず、著しい機能低下につながる場合があります。心機能が落ちて血圧が下がれば、頭が朦朧として、気を失うこともあります。低血圧は、のちのちまで残る器官損傷を引き起こしかねません。救急車を呼んでください。電気ショックによって心拍を再開させたり、血圧を正常な値まで戻したりする必要があります。

▼動悸から胸の痛みが起こった

前述のように、冠動脈の閉塞は心臓の一部から血液を奪ってしまうため、痛みが生じたり、異常な心拍が起こったりします。心拍があまりに速く破壊的だと、心臓のポンプ機能を損なうこともあります。冠動脈に血液が行きわたらない時点で、心臓からさらに血液が奪われてしまうため、悪循環に陥り、さらに異常な心拍につながります。すぐに助けを呼ばなければ、心臓は力尽き、完全に動きを止めてしまいかねません。

ちょっと診察　徐脈（遅い心拍）

この項でもすでに説明したように、正常な心拍数は1分当たり60~100回とされ、アスリートの安静時心拍数は40回台、ときには30回台という人もいます。心拍数が少なくても、健康で血圧も正常なら問題はありません。

一方で、心拍が遅くなり（50回未満）、頭が朦朧として意識を失いそうになった場合は、心拍数の少なさが血圧を下げている可能性があります。転倒してしまう前に横になり、救急車を呼んでください。今のところ頭ははっきりしているものの、心拍数が下がって気を失った（または失いそうになった）ことがある場合は、心拍に問題があるかもしれません。医師の診察を受け、心電図で検査してもらいましょう。

心拍数が少なくなる一般的な原因のうち対処が可能なものは、薬の副作用、ライム病、サルコイドーシス（自己免疫《めんえき》疾患）、血中カリウム値異常、脳疾患などがあります。心拍数低下の原因となる薬には、β遮断薬（メトプロロール、アテノロール、カルベジロール）、カルシウム拮抗薬（ベラパミル、ジルチアゼム）などがあります。こうした薬を使っていて頭が朦朧としてきたときは、投与量が多すぎる（もしくは誤って多く服用している）可能性があります。

症状が改善されない場合、ペースメーカーをすすめられるかもしれません。心拍数を監視し、一定の水準を下回ると作動する機器です。短い電気的な刺激を決まった間隔で心臓に送り、一定の心拍数を下回らないようにしています。手のひらに収まる大きさで、鎖骨の下部の皮膚の下に埋め込みます。

息切れ

編集／マーク・アイゼンバーグ（コロンビア大学医療センター准教授）、クリストファー・ケリー（コロンビア大学付属NYプレスビテリアン病院循環器内科医）

まず、今ひどい息切れをしている状態なら、本書を置いてすぐに救急車を呼んだほうがいいと思います。死が迫っている感じはないものの、ここ何日、あるいは何週間と息切れが続いているようなら、本書を読み進めて大丈夫です。

当然のことですが、空気はとても大事なものです。熟練のダイバーでもないかぎり、人の体は1～2分以上酸素を取り込まなければ死んでしまいます（息を止めた時間の世界最高記録は24分ですが、これに挑戦することはあまりおすすめしません）。

息を吸うと、肺に酸素が入ります。血液が肺を通過するとき、その酸素を取り込みます。それから心臓が、酸素がたっぷり含まれた血液を、体のすみずみまで送り出します。

こうしたプロセスが部分的にでも破綻《はたん》すると、息切れが起こります。空気が肺に行かず、肺は酸素を血液細胞に渡せなくなり、体は酸素を運ぶ血液細胞を十分に得られなくなる、もしくは、心臓が満足な量の血液を送り出すことができなくなります。

急に息切れが始まったら、すぐ診察を受けてください。徐々に息切れが始まった場合は、体調が悪いか、年齢的なものか、それとも本当に問題が起こっているかのいずれかです。呼吸するための空気を求め、換気扇の前に座るべきでしょうか？　運動不足なのでジムの会員になるべきでしょうか？　それとも、検査を受けるべきでしょうか？

レベル1　落ち着いて対処すればいいケース

▼最近運動をするようになったが、思った以上に息切れする

友人たちがまだ汗もかいていないうちから、ウォーキングマシンですぐバテてしまいましたか？　それまでずっとソファでだらだら過ごしていたのなら、運動は思った以上にきつく感じるものです。運動しようと努力を始めたことには拍手を送りますが、「機能低下（deconditioned）」状態が生じているものと思われます（これは「運動不足」と同義の医療用語ですが、自分の動きの鈍さを説明するには、こちらのほうがずっと響きがいいかもしれません）。息切れが悪化した、あるいは、次の「診察を受けたほうがいいケース」で説明する症状のどれかが出たというのでなければ、毎日体を鍛えていけばいいと思います。

レベル2

診察を受けたほうがいいケース

▼階段や坂道を上っているとすぐ息切れするが、安静時は問題ない

運動時の息切れの最も一般的な原因は、赤血球数の少なさ、つまり「貧血」です。赤血球が不足すると、心臓が適度な酸素を筋肉や器官に送り出しにくくなります。貧血は、出血から生じるのが普通ですが、体が十分に血液を作れない、あるいは誤って血球を破壊しているときにも起こります。女性の場合、2～3ヵ月重い生理が続く（202ページ参照）と生じることもあります。

高齢者の場合、「大腸がん」の可能性があります。腫瘍《しゅよう》が何週間ないし何ヵ月にもわたって少しずつ出血しますが、大便の見た目だけではわかりません。原因不明の貧血症状がある成人は、腫瘍やそのほかの出血原因を探すため、大腸にカメラを入れる、つまり大腸内視鏡検査を受けることになります。

運動時に息切れが悪化するほかの原因としては、「肺疾患《しっかん》」や「心疾患」も考えられます。胸部X線、心臓の超音波、できればストレス検査なども受け、こうした疾患がないか調べてもらいましょう。

▼発熱とセキの症状も出ている

肺炎により、片肺、もしくは両肺の一部に粘液や膿《うみ》が詰《つ》まり、血液が酸素を運べなくなっているのかもしれません。深呼吸をすると鋭い痛みが出る人もいます。血液検査や胸部X線により診断を行います。その日のうちに診察を受けられない場合、あるいは非常に体調が悪く頭が朦朧《もうろう》としている場合は、救急治療室に向かってください。肺炎の場合、1週間ほど抗生剤を投与する必要があります。

▼足が以前より太くなり、ふにゃっとしている

足がむくみ、靴下の跡がすぐついてしまう場合、体内が過剰に水分で満たされているということです。この水分が肺にも溜まると、酸素を空気から血液へ運ぶ正常なプロセスが妨げられます。主要因は、心不全（血液を十分に送り出せず、水分が全身に逆流してしまう）、腎《じん》疾患（尿として余分の水分を排出できない）などがあります。血液検査や心臓の超音波検査などを受けることになります。「足のむくみ」の項（287ページ）を参照してください。

▼横になっているときにひどい息切れが起こるため、枕を追加して体を支えて眠る必要がある

横になると心地よく眠れないので、ひじ掛けイスなどで寝入ってしまうことが増えていませんか？　どちらにしても、「**心不全**」かもしれません。通常時に心臓が十分に血液を送り出せない

ので、横になると急激に血流が心臓に押し寄せ、負担がかかるのです。血液が肺に逆流すると、息切れが生じます。病院ですぐ、心臓の超音波などの検査を受けてください。息切れが激しいときは救急外来を受診してください。

▼息づかいが犬笛のような音に聞こえる

喘鳴《ぜんめい》の自覚がある場合、**「喘息」**か**「慢性閉塞《へいそく》性肺疾患（COPD）」**の可能性があります。どちらの疾患も、口と肺を結ぶ気道の一部が機能せず、空気を出入りさせるのが難しくなります。狭まった気道に空気が押し寄せると、高音の喘鳴が生じます。気道を広げるための吸入薬を使った治療が一般的です。15分以上喘鳴が続き、息ができなくなってきたら救急外来に行きましょう。

▼数週間にわたってセキが続いている

息切れと長引くセキという症状が出ている場合も、一般的にはＣＯＰＤが疑われます。長年の喫煙者によく見られる症状です。前述のように、喘鳴が出ることもあります。そのほかに考えられる原因として、結核などの感染症の症状が数週間くすぶっている場合があります。また、ＣＯＰＤと症状が似ていても、若年成人や喫煙歴のない人々なら、喘息が考えられます。肺がんが気道を刺激したり、空気の流れを部分的に妨げていることもあります。Ｘ線やＣＴ（コンピュータ断層撮影）スキャンで肺の検査を行うことになるでしょう。

▼妊娠中

息切れも妊婦に起こりがちな症状の一つです。ホルモン値が変化し、脳の呼吸中枢《ちゅうすう》が刺激を受け、軽い息切れの原因となることがあります。さらに、子宮が大きくなると、肺が完全に広がりきれなくなることがあります。息切れが続いても、急に悪くなったりしないかぎり、次回産科医の診察を受けるときに報告すれば十分です。

▼急に世界に閉じ込められたような気持ちになる

「**パニック発作**」かもしれません。急に強い恐怖を感じ、息切れ、心拍の亢進《こうしん》、発汗、破滅がやってくるという恐怖などが生じます。治療と薬の投与が発作回避の手助けになります。

レベル3 救急外来を受診すべきケース

▼喘鳴がずっと続いて息ができない

病気の診断を受けていなくても、喘息の発作かCOPD発症の可能性があります。ほかに考えられる危険な原因としては、心疾患による「**肺水腫**」の可能性もあります。この場合、気道が腫《は》れたり狭まったりして喘鳴が生じます。どれが本当の原因にしても、放置すると致命的な結果を招くため、すぐ救急車を呼んでください。

▼胸の痛みがあり、心拍も速く激しくなっている

心臓発作のせいで心筋に十分な血液が行っていないか、異常に速い拍動が起こっているのかもしれません。心臓がうまく機能せずに肺に液体が逆流し、呼吸がしにくくなっているのです。また、片肺が機能しなくなっている可能性もあります。肺の周囲の空間は通常は真空で、肺が広がりやすくなっています。この真空が破られた場合、肺はちっぽけな塊《かたまり》にしぼんでしまいます。

また、背が高くやせた若い人、喫煙者、肺疾患のある人の場合、特に理由もなく、偶発的に肺が機能しなくなることがあります。

▼赤い斑点《はんてん》のような発疹《ほっしん》が全身に出ている

何か食べましたか？「アナフィラキシー」と呼ばれる重度のアレルギー反応かもしれません。気道が腫れ、喘鳴や息切れが生じていると思われます。ほかに、吐きけ、死ぬかもしれないという感覚（決して的外れではありません）などの兆候が見られることがあります。すぐに救急車を呼び、エピネフリン注射で気道を押し広げ、アレルギー反応を止めるための投薬を受けてください。激しい息切れがして、救急車がなかなかこない場合、そばにいる人に（最後の手段として）エピネフリン自己注射薬（商品名〈エピペン〉）を打ってもらってください。

▼最近長旅をした、もしくは足にギプスをしている

肺内で血液が固まり、正常な血流を阻んでいる可能性があります。「**肺塞栓症**」と呼ばれるこの疾患は、足の血管に血栓ができ、それが肺に送られて生じるものです。足の血栓は、足を動かせない人（ギプスをしている人、きゅうくつな座席で長旅をした人など）によく見られます。喫煙、避妊ピル、がんなどもリスクを高めます。息切れは、何時間ないし何日間かの過程で悪化していくのが普通です。また、胸の痛みが生じることもあります。抗凝固薬を緊急注入する必要があります。

▼糖尿病があり、血糖値が非常に高くなっている

「**糖尿病性ケトアシドーシス**」と呼ばれる、糖尿病の合併症かもしれません。インスリン値が非常に低くなっているときに起こります。インスリンがないと血糖を使うことができないため、体は代わりのエネルギー源を探します。これらのエネルギー源から生じる酸は、呼吸を速めることでしかなくすことができません。ほかに、疲労感、腹痛などの症状が出ることもあります。厳しい監視下で点滴と緊急インスリン注入を行う必要があります。

▼がんがある

がん患者が息切れを起こす理由はたくさんあります。残念ながら、その多くは緊急処置を要し

ます。

第1に、がんは血栓形成のリスクを高めるため、血栓が肺に入って正常な血流を妨げることがあります。第2に、化学療法の薬が免疫《めんえき》を阻害することがあり、肺の感染症になりやすくなります。第3に、がんが肺に転移し、直接的に空気の流れを阻む（腫瘍が気道を圧迫している場合）、または、肺水腫を引き起こすことがあります。そして第4に、がんが心嚢《しんのう》液貯留の原因となり、血液がますます送り出しにくくなることがあります。

セキ

編集／マーク・アイゼンバーグ（コロンビア大学医療センター准教授）、クリストファー・ケリー（コロンビア大学付属NYプレスビテリアン病院循環器内科医）

映画館でひどいセキが出て困っていますか？　まわりの観客が嫌な目つきをして、座席を移動しようとしている？

セキは、気道やのどから、ほこりや空中浮遊物を取り除こうとして起こる反射作用です。粒子、化学物質、ときには強い臭いだけでも、セキの受容体の刺激となり、セキの反射作用を引き起こします。こうした受容体は、のどや気道だけでなく、食道（口と胃をつなぐ管）、胃、横隔膜、そして外耳道にもあります（耳あかを取っているときにセキが始まったことはありませんか?）。

セキには、急性（2～3週間続く）と慢性（もっと長期的に続き、本人とその周囲が正気を失う）があります。また、乾いたセキ（セキのみ）と、粘液を伴う湿ったセキとがあります。

さて、セキに悩まされているときは、様子を見るほうがいいのでしょうか？　それとも、結核病棟へ駆け込んだほうがいいのでしょうか？

レベル1

落ち着いて対処すればいいケース

▼セキのほかに、頭痛、のどの痛み、鼻水などの症状がある

人間の心臓を移植したり、月に人間を送ったりすることが可能なのに（そしてたぶん心臓移植を受けた人間が月へ行くことも可能なのに）、その人間がいまだに普通のカゼを引くというのは驚くべきことです。カゼを引いてしまうと、濃い粘液が気道を刺激し、そのせいでセキが出ます。鎮痛薬（アセトアミノフェン〔商品名〈タイレノールA〉など〕）、充血緩和薬（プソイドエフェドリン）、セキ止め薬などが助けとなるでしょう。熱が長引き、セキをすると濃厚な痰《たん》、あるいは緑色の痰が出るようになったら、肺の感染症になった可能性があるので診察を受けてください。

▼最近カゼを引いた、または重度のアレルギーがある

カゼのほかの症状が回復してずいぶんたつのに、のどの奥に執拗《しつよう》に粘液が流れ込み、セキが止まらないことがあります。これは「**後鼻漏《ろう》**」もしくは「**上気道咳嗽《がいそう》症候群**」と呼ばれ、よく見られる疾患《しっかん》です。また、季節性のアレルギーが原因になっていることもあります。鼻水、ひんぱんなセキ払いなどの症状を伴うことがあります。フルチカゾンやトリアムシノロンなどの市販のス

テロイドの鼻スプレーに、できれば一緒にロラタジンやセチリジンといった抗ヒスタミン薬を使ってみるといいと思います。

症状が変わらなければ、フェニレフリンや、もっと強力な同系統のプソイドエフェドリンなど、市販の充血緩和薬も加えてください。それでも効かず、セキが止まらない場合は、医師にほかの選択肢があるか相談してみてください。

▼セキのほか、胸焼けや、口の中に酸っぱい感じがあり、夜に横になるとセキがひどくなる

胃酸逆流のせいでセキが出ることもよくあります。ときには、胸焼けはせず、セキだけ出ることもあります（通常は胸焼けのほうが一般的な症状です）。また、横になるとのどと胃が同じ高さになるため、胃酸が逆流しやすくなります。胃酸逆流だと感じたら、辛い食べ物をやめ、アルコールの摂取量を減らし、タバコもきっぱりやめることをおすすめします。

一ついいことを教えましょう。複数の枕を使うか、ベッドの頭の部分を何冊かの本で高くして寝ると、重力のおかげで胃酸が逆流しにくくなります。

この方法がうまくいかなければ、制酸薬で酸の刺激を抑えましょう。また、オメプラゾールなど、酸の生成を減らす成分を含む市販薬を使うこともできます。それでも症状が続いたり、2～3週間以上薬を使う場合は、医師に相談しましょう。

▼喫煙している

セキが出るのも当然ですよね！　もっと気持ちよく過ごしたい、もっとお金をためたいのであれば、タバコをやめればいいだけのことです。パッチやガムなどのニコチン製品を使ったり、〈チャンピックス〉などの禁煙補助薬を処方してもらえば、禁煙の成功率はより高くなります。タバコをやめてもセキが続くようなら、肺の検査を受けてください。新たにセキが出たり、セキが悪化した場合は、感染症やがんの兆候かもしれないので、必ず検査を受けましょう。

レベル2　診察を受けたほうがいいケース

▼新しい薬を使い始めたばかり

よく使われる心臓の薬、アンジオテンシン変換酵素（ＡＣＥ）阻害薬を使うと、10人に１人が慢性的な乾いたセキをするようになります（「～プリル」と末尾につく薬は、たいていＡＣＥ阻害薬です）。β遮断薬《ベータしゃだんやく》と呼ばれる心臓の薬も、セキや喘鳴《ぜんめい》を引き起こすことがあります（こちらは末尾に「～ロール」とつく名前が多いです）。セキがしつこく続いていて、こうした薬を服用している場合は、医師に相談してみましょう。勝手に服用をやめてはいけません。

▼息切れや喘鳴の症状がある

喘息は、成人のセキの一般的な原因の一つであり、子どものセキの原因として一番多く見られるものです。同様の疾患《しっかん》に慢性閉塞《へいそく》性肺疾患（ＣＯＰＤ）があり、これは年齢の高い成人、特に喫煙者によく見られます。医師に相談すれば、検査を実施して診断してくれます。息切れがひどいとき（家の中を歩きまわるのにも息切れしてしまうとき）は、救急外来に向かってください。

▼数日にわたり発熱が続いている

気道や肺の感染症もセキの原因になります。多くの感染症はウイルスによるもので、抗生剤は必要ありませんが、熱が2～3日続き、のどの痛みや鼻水などのカゼの典型的な症状がない場合、「**細菌《さいきん》性肺炎**」も考えられます。診察を受け、胸部Ｘ線を撮ってもらいましょう。感染症の治療が終わっても、セキは数週間続くことがあり、同僚に嫌な顔をされてしまうかもしれません。

▼発熱、寝汗、意図しない体重減などがある

大都会に住んでいるか、最近海外旅行をしてきたのであれば、「**結核**」の可能性があります。治療できる疾患ですが、伝染力が強いですし、友だちに結核を移したりはしたくないと思います。できるだけ早く病院に行きましょう。

▼心臓、肝臓、腎臓《じんぞう》のいずれかに疾患がある

こうした疾患においては、体が多量の水分を確保し、それが肺に溜まってセキを引き起こしている場合があります。よく見られるほかの症状として、足がむくんだり、横になったとき上体を複数の枕で支えていないと息がしにくくなったりします（胃酸と同じで、体を起こしたままにして重力に任せると、胸に水分が溜まりにくくなります）。

医師に相談すれば、余分な水分を体外に出すための利尿薬を処方してくれます。息切れが激しいときは緊急処置が必要なので、救急外来に行ってください。

▼クマみたいないびきをかく

「**睡眠時無呼吸症候群**」になると、夜間にのどが周期的に閉じて大きないびきを引き起こし、正常な呼吸をじゃますることがあります。気道の刺激による慢性的なセキなど、さまざまな健康問題を引き起こす原因にもなります。

いびきがうるさく、目が覚めたときに疲れた感じがする場合は、医師に相談して睡眠検査をしてもらいましょう。無呼吸症候群と診断されたら、寝るときに専用のマスクをつけ、空気を肺に通りやすくします。また、体重を減らすと無呼吸症候群の症状が落ち着く人も多いです。

▼4週間以上にわたってセキが悪化している

感染症にかかっているか、がんなどのもっと危険な疾患があるかもしれないため、X線などの検査を受ける必要があります。

レベル3 救急外来を受診すべきケース

▼セキをして血を吐いた、または血の混じった痰が出た

どう考えてもいい兆候とはいえません。一番ましなケースとして考えられるのは、セキをしすぎて気道の微小血管が切れた場合です。出血量が少量なら、必ずしも大きな問題ではありません。しかし、感染症、肺血栓、肺がんなど、もっと深刻な可能性も考えられます。

▼胸の痛みと激しい息切れがある

心臓発作や急性心不全が起こると、突然、肺に水分があふれ、息切れやセキを引き起こします。また、重度の肺の感染症かもしれません。できるだけ早く救急車を呼んでください。

背中の痛み

編集／アレン・チェン（NYプレスビテリアン・アレン病院ダニエル・アンド・ジェーン・オーク脊椎病院理学療法部門長）

人間であるかぎり、誰にでも背骨《スパイン》はあります（気骨《スパイン》のある政治家は見かけなくなりましたが）。そして背骨があれば、背中の痛みというものにも覚えがあると思います。

背骨、すなわち脊椎《せきつい》とは、椎骨《ついこつ》と呼ばれる骨が積み上がったもののことで、これが靭帯《じんたい》や筋肉により一つに結合しています。椎骨と椎骨の間にやわらかい円盤状のもの（椎間板）があり、これが椎骨どうしをつないでいます。脊椎は、頸椎《けいつい》（首）、胸椎（胸部）、腰椎（腹部）、仙骨《せんこつ》（骨盤部）に分かれます。脊髄《せきずい》は、脳から始まる太い神経の束のことで、椎骨の中心を通り、そこから腕、足、内臓へと神経が伸びています。

人間の背骨は、人間を直立させ、あらゆる複雑なねじれ運動ができるようにしています。

直立姿勢で生きることの大きなデメリットは、背骨の一番下で体重の大半を支えなければいけないということです。いつも重い物を運んで歩いていたら（それが仕事であれ、やせるための運動であれ）、いずれ背中が悲鳴を上げます。ときには椎骨の間の椎間板がずれてしまい（椎間板ヘルニア）、神経を圧迫して痛みが出ることもあります。また、椎骨の関節の劣化や、椎骨の積み重なり具合の変化により、脊椎から出ている神経が圧迫を受けることもあり（脊柱管狭窄《きょうさく》症）、この場合も痛みが生じます。さらに、誰でも年齢を重ねれば椎間板が劣化し、これが（必ずというわけではありませんが）痛みにつながることもあります。

あなたがやせていて健康でも、背中の筋肉を伸ばして2～3日何もできなくなることはあります。また、腎臓《じんぞう》などの内臓からくる背中の痛みもあります。さて、もし背中が痛みだしたら、ブタの貯金箱を割ってマッサージの予約をすべきでしょうか？　物置からベニヤ板を出してきて、その上で寝るべきでしょうか？　かかりつけ医に電話して、筋弛緩《しかん》薬を処方してもらうべきでしょうか？　ＭＲＩ（磁気共鳴画像診断装置）検査を受けるべき？　背中の手術をすべき？

レベル1　落ち着いて対処すればいいケース

▼1ヵ月ほど背中の痛みが出たり消えたりしているが、生活に大きな支障はない

単なる筋肉のけいれんかもしれません。通常は2～3日で改善し、1ヵ月以内には症状もなくなります。重い物を持つなどの作業はさけたほうがいいですが、ベッドでおとなしくする必要もありません（板の上で寝たりもしないでください）。実のところ、ずっと横になったりしていると痛みが長引きます。もし金銭的余裕があるなら、筋肉を伸ばしてもらうマッサージに行ってもいいと思います。時間をかけて熱いシャワーを浴びたり、温熱パッドを使ったりして筋肉をリラックスさせましょう。それでも痛みがつらいときは、市販の鎮痛薬を試してください（142ジペーの「ちょっと診察」参照）。それでもまだよくならないときは病院に行きましょう。

レベル2 診察を受けたほうがいいケース

▼長期（何ヵ月ないし何年か）にわたり背中の下部に痛みがあるが、休むとよくなる

腰椎が弱っている可能性があります。高齢者、特に太りぎみの人は、椎骨の間の椎間板が薄くなり、関節が摩耗《まもう》していることが多いです。病院で身体検査を受け、ほかに痛みの原因がないか確認してもらいましょう。筋肉の強さを保ち、背中の下部を安定させるために、できるだけ動くよう心がけましょう。理学療法士が症状を調べ、特定のエクササイズやストレッチをすすめてくれます。鍼《はり》治療や脊椎マニピュレーション（理学療法士やカイロプラクターが行う脊椎生体療法）を何度か受けてみてもいいでしょう。副作用を考えると長期的な投薬はさけるべきですが、鎮痛薬は短期的な助けにはなります（142ジペーの「ちょっと診察」参照）。

▼徐々に（何日ないし何週間かにわたって）痛みや麻痺《まひ》が増し、腕や足が弱っている

脊椎の椎骨と椎骨の小さなすき間から出ている腕や足の神経が、圧迫されているのかもしれません。こうした症状は、椎間板が本来の場所から飛び出たとき（そのせいで神経が押し潰されているとき）や、椎骨の列がふぞろいになったときなどに起こります。背中の片側もしくは両側のむずむず感、痛み、麻痺などの症状がよく出ます。

足の神経に影響が出た場合は「**坐骨《ざこつ》神経痛**」と呼ばれます。症状の急激な進行（何時間ないし何日間での進行）がないかぎり、緊急処置は必要ありません。身体検査と、場合によってはＭＲＩで背中を調べることになるでしょう。椎間板ヘルニアのせいで神経が圧迫されているか、脊柱管狭窄症（骨の変形や椎間板の突出によって神経の通り道が狭まる疾患《しっかん》）の可能性があります。どちらも市販の鎮痛薬（１４２ページの「ちょっと診察」参照）や理学療法で治療でき、放置していても治ってしまうこともあります。

症状が続いたり、薬を服用しても悪化した場合は、ステロイドを背中に直接打ってもらい、神経周辺の炎症を抑えるという方法もあります。それも効かなければ、神経の圧迫をなくすため、背中の手術が必要になるかもしれません。

▼夜になると背中の痛みが悪化し、朝は背中が硬直した状態で目覚めるが、日中は改善する

背中の硬直はよく見られる症状で、マットレスの質が悪い、前日に体を酷使《こくし》しすぎた、あるいは脊椎の小さな関節が劣化しているなど、さまざまな原因が考えられます。たいていは何日ないし何週間かでよくなりますが、回復しなければ内科医の診察を受けてください。「**強直性脊椎**

炎」と呼ばれる自己免疫《めんえき》疾患の可能性があります。

この診断を受けるのは若い人に多く、20～30代に顕著です。背中下部の痛みが夜になると悪化し、朝は背中が硬直した状態で目覚めます。しかし、どちらも運動をするとよくなります。ほかに、首、腰、足首、目の痛み、視界のかすみなどの症状が出ることがあります。背中の下部や腰をX線撮影することで診断を行います。リウマチの専門医に診察を受け、免疫を抑制するための薬を処方してもらうことになります。

▼背中の片側にぴりぴりとした痛みがある

「帯状疱疹《ほうしん》」かもしれません。水疱瘡《みずぼうそう》にかかると、ウイルスは回復した後も体から去らず、体内に潜伏します。年を取り、免疫が働かなくなってくると、再びこのウイルスが力を増し、帯状疱疹を引き起こします。免疫抑制薬を投与している人の場合、若いうちでも帯状疱疹が出ることがあります。

通常は、体の片側の皮膚に部分的な症状が出ます。特に背中は、広くて帯状疱疹が狙いやすい場所です。まずヒリヒリした痛みが生じ、その後水疱《すいほう》ができます。数ヵ月にわたって痛みが続くこともあります。市販の鎮痛薬（１４２ページの「ちょっと診察」参照）を使ってください。場合によっては医師が抗ウイルス薬（バラシクロビル［商品名〈バルトレックス〉］など）を処方してくれます。50歳以上の場合は、予防のため、帯状疱疹のワクチンの接種を考えてもいいでしょう。

▼最近、意図しない体重減がある、またはがんの病歴がある

脊椎に腫瘍《しゅよう》ができている可能性があります。最初は脊椎内にでき、肺、乳房、腎臓《じんぞう》、前立腺《せん》など、別の場所に転移することがよくあります。腫瘍のせいで椎骨が弱まり、骨折や痛みが生じたり、脊髄やその枝分かれの神経が腫瘍に圧迫され、虚弱、失禁などを招いたり、さまざまな問題が起こるようになります。がんの病歴がある、またはがんの強いリスク要因を持っている場合、至急検査を受けてください。脊椎のX線やCT（コンピュータ断層撮影）スキャン検査を受けることになるでしょう。

▼骨粗しょう症か、65歳以上、長期にわたるステロイド薬の服用などのリスク要因があり、急に背中に痛みが出た

椎骨を骨折したかもしれません。転倒などによる外傷、もしくは激しくせき込む、重い物を持ち上げるといったささいなことだけでも、こうした骨折が起こることがあります。ある症例報告によれば、骨粗しょう症の女性が、車を運転中に道路の減速帯を越えただけで脊椎の複数箇所を骨折したこともあるそうです。市販の鎮痛薬（142ジペーの「ちょっと診察」参照）を使ってもいいでしょう。痛みが本当にひどく、薬を服用してもよくならないときは、骨折した椎骨に骨セメントを注入し（「椎体形成術」と呼ばれます）、高さや強度を改善する必要があるかもしれません。

▼生理の間だけ背中の下部にひどい痛みが出る

この痛みは、脊椎ではなく、子宮またはその周辺の器官からきていると思われます。一般的に多く見られる原因としては、**「子宮内膜症」**と**「子宮筋腫」**があります。子宮内膜症は、子宮の内腔《ないくう》にできるのと同じような組織が、子宮の内腔以外の場所にできる疾患です。生理中、この余分な組織がふくらんで出血し、痛みが生じます。一方、子宮筋腫は子宮壁にできる良性腫瘍（体のほかの部位に転移しない腫瘍）ですが、重い生理痛の原因になります。

子宮内膜症も子宮筋腫も、身体検査と骨盤の超音波検査によって診断を行います。市販の鎮痛薬（142ページの「ちょっと診察」参照）を使ったり、ホルモン治療や（場合によっては）手術で除去することもあります。

レベル3 救急外来を受診すべきケース

▼何時間ないし何日かにわたって足が急に弱り、尿が出ない、もしくは尿もれが続いている

腫瘍または感染症によって脊髄が圧迫され、足や膀胱《ぼうこう》に続く神経が機能不全に陥っている可能性があります。機能喪失に至ることもあるので、緊急の検査を受けてください。

▼激しい背中の痛みでベッドから出られない

文字どおり足が動かせずにベッドから出られないのであれば、脊髄の圧迫が起こっているかもしれないので、できるだけ早く救急外来に向かってください。足は動くものの背中の痛みがひどいという場合は、そこまで深刻ではないかもしれませんが、それでも助けは必要です。鎮痛薬(142ジペーの「ちょっと診察」参照)を服用し、効くまで1〜2時間待ってください。よくならなければ、やはり救急外来に行ってください。精密検査をして医師と治療の方針を話し合う必要があります。

▼発熱、寒けも感じる

脊椎内、もしくは脊椎周辺の感染症の可能性があります。最も危険なのは脊髄そのものに隣接した領域での感染で、脊髄が圧迫され、後々まで残る神経損傷を引き起こすことがあります。血液検査や、脊椎のMRI検査を受けることになるでしょう。

脊椎の感染症の一般的な治療は、数週間の抗生剤投与です。感染症が脊髄に近い場合、外科的処置で髄液を抜く必要が出てくることもあります。また、腎臓の感染症でも、発熱と背中下部の痛みを引き起こすことがあります(同様に救急外来で診察を受けるべきケースです)。頻尿《ひんにょう》があれば腎臓の感染症の可能性が高くなります。抗生剤で治療します。

▼背中の下部や骨盤にひどい痛みがあり、ときどきけいれんする

腎結石が移動しているところかもしれません。結石はしばしば脱水症状の反応として腎臓にでき、その後は膀胱につながっている非常に細い管の中に押し込まれます。結石が管を通れる大きさでなければ、詰《つ》まったり、痛みを伴う閉塞《へいそく》を起こしたりします。管は周期的に結石を押し出そうとするため、ひどい痛みが生じます。尿に血が混じることもあります。

CTスキャンか超音波検査により診断を行います。点滴（尿を増やし結石を押し流すため）、鎮痛薬、結石が詰まった場所を広げるための薬剤投与などの治療法があります。結石が大きすぎて動かない場合は、超音波やレーザーで結石を破壊し、小さな破片にして管を通りやすくします。

▼自動車事故を起こした、もしくは身体的な重度の外傷を負った

まさか大ケガをしているのに救急外来に行かないでいるとも思えませんが、念のため。椎骨を一つまたは複数骨折している、あるいは、腎臓、肝臓、脾臓《ひぞう》などの内臓が損傷を受けている可能性があります。手遅れになる前に病院に行ってください。

ちょっと診察　鎮痛薬

背中の痛みの治療には、よく鎮痛薬が使われます。しかし、こうした薬にさまざまな副作用があり、特に何ヵ月ないし何年という期間で継続服用すると危険だということを、医師や世の中全般も理解するようになってきました。そのうえ、強い鎮痛薬の場合、過剰摂取や依存のリスクも大きくなります。

副作用や依存のリスクを最小限に抑えるため、そこまでひどくない痛みを治療する場合は、がん関連の疼痛《とうつう》治療の除痛ラダー（痛みのランクに応じた鎮痛薬投与を行う治療法）から発展した基準に従います。この方法では、まず最も副作用が少なく最も弱い薬を使い、どうしても必要なときだけ強い薬を使います。

非ステロイド性抗炎症薬（NSAIDs）など、非処方薬の大半は一番低いランクのグループに含まれます。一番よく使われるのが、イブプロフェン（8時間ごとに400～600mg《ミリグラム》）とナプロキセン（220～500mg《ミリグラム》を1日2回）です。NSAIDsは背中の痛みによく効きますが、腎疾患や心疾患のある患者が使うと問題が起こることがあります。また、胃に炎症を起こしたり、潰瘍《かいよう》の原因になったりすることもあります。

なんらかの理由でＮＳＡＩＤｓを使えない場合は、アセトアミノフェン（商品名〈タイレノールＡ〉など）を試すといいと思います。推奨される投与量（6～8時間ごとに500～1000ミリグラム）を守れば、非常に安全な薬です。ただ、24時間以内に4000ミリグラム以上服用すると、急性肝不全を起こして命をおびやかされることがあります。すでに肝疾患がある場合は、アセトアミノフェンの安全な投与量を医師に確認してください。

処方箋《せん》が必要な鎮痛薬でも、一番低いランクのグループに含まれるものもあります。抗うつ薬（デュロキセチン〔商品名〈サインバルタ〉〕、アミトリプチン）、筋弛《し》緩《かん》薬（シクロベンザプリン）、神経痛の薬（ガバペンチン、プレガバリン〔商品名〈リリカ〉〕）などがそうです。

2番目のランクにはコデインなどの弱オピオイド薬、3番目のランクにはヒドロコドン、オキシコドン、メタドンなどの強オピオイド薬が含まれます。どれも処方箋が必要です。中毒性が高い薬なので、短期間（2～3日）のみ、もしくはほかの長期間用の薬剤投与がうまくいかないときの使用にかぎられます。現在のオピオイド依存の広がりは、ほかのランクの薬や、理学療法、マッサージ、その他の非薬物療法などを組み合わせれば治療できる痛みであっても、オピオイドを安易に処方して生じた過剰摂取の結果と考えることもできると思います。

第3章

腹

腹痛

編集／マーク・アイゼンバーグ（コロンビア大学医療センター准教授）、クリストファー・ケリー（コロンビア大学付属ＮＹプレスビテリアン病院循環器内科医）

こんな光景に覚えはないでしょうか。両手で顔をおおいながらトイレの便座に座り、腹痛に苦《く》悶《もん》する自分。ここ2日で食べた物をすべて思い返し、軽率な判断に悪態をつき（安売りのカキ!?）、二度と食べないと誓う自分。

胃腸がよじれるように痛むときの恐ろしさは誰でも知っています。腹（あばらと腰の間のやわらかい部分）の痛みは、救急搬送の理由のなかでも多いものの一つで、搬送される患者の10人にひとりが腹痛です。腹痛には無数の原因が考えられますし、大半は心配に及ばないとはいえ、すぐに治療しなければ命に関わるケースも確かにあります。

さて、どのくらい様子を見てから助けを求めるべきでしょうか？　これはただの食あたりで、2～3時間したら落ち着くのでしょうか？　あるいは、これが盲腸とともに過ごす最後の夜になるのでしょうか？

レベル1 落ち着いて対処すればいいケース

▼それほどひどくない腹痛、吐きけ、嘔吐《おうと》、下痢《げり》などの症状が、1～2日にわたって断続的に起こる

「**胃腸炎**」（胃や小腸の炎症）が考えられます。それほどひどくはないが差し込むような腹痛と、嘔吐や下痢の症状があれば、その可能性が高いです。最も一般的な原因としては、ブドウ球菌《きん》などの細菌が混入した食べ物の摂取や、ウイルスによる感染症などが考えられます。

脱水症状をさけるには、水とナトリウム（塩分）の両方をとる必要があります。一番いいのは、経口補水液、スポーツドリンクを飲むことです（ただし、一般に売られているスポーツドリンクはおすすめしません。体重を増やしたいなら別ですが）。また、制酸薬は痛みを和らげます。症状が5日以上続いたら病院に行ってください。

▼何か食べた後、上腹部が軽く痛み、横になると悪化し、水を飲むとよくなる。口の中に苦みを感じることもある

食道（胃と口をつなぐ管）まで胃酸が上がってくる、「**胃酸逆流**」かもしれません。食道は酸を浴びることに慣れていない器官なので、炎症や痛みが生じやすいのです。横になると、食道と胃が同じ高さになるため、さらに酸が逆流しやすくなります。大きめのグラス1杯の水を飲んで酸を流せば、痛みも和らぎます。胃酸がのどまで逆流してしまうと苦みを感じます。

胃酸逆流は、生活習慣の改善で克服できます。第1に、チョコレート、脂肪の多い食べ物、辛い食べ物、炭酸飲料を減らしましょう。もしあなたがそういった飲食物を好むタイプなら、食生活のかなりの比率がそれに占められている可能性があります。第2に、食べた後すぐ横にならないようにしましょう。第3に、ベッドの枕の下に何冊か本を入れてみましょう。ベッドの頭の部分を高くすると、食道が胃より上にくるため、逆流のリスクが下がります。

こうした方法が効かなければ、制酸薬で胃酸を中和しましょう。その後、オメプラゾールを含む市販薬を服用し、胃酸の生成を減らします。もちろん、医師には診断を頼むだけでなく、状況を説明しておくようにしてください。長期的な胃酸逆流は、食道がんなどの深刻な疾患《しっかん》に発展することもあるのです。

▼ときどき差し込むような腹痛が起こり、ここ1週間ほど便通がない

トイレに置いてある雑誌の山が高くなっていませんか？　便秘は腹痛の一般的な原因の一つです。便秘とは、便通が1週間に3回未満、ころころした硬い便が出て、便を押し出すのに大きな労力がいる、もしくはすべて出たという感じがしない状態のことです。詳しい情報やおすすめす

る治療については、「便秘」（263ジペー）も参照してください。ただし、ひんぱんな腹痛と便秘に悩まされている場合、「**過敏性腸症候群**」の可能性があります（152ジペー参照）。

▼牛乳を飲んだり、乳製品を食べたりすると腹痛が起こる

「**乳糖不耐症**」は、特に黒人、アジア人、ヒスパニックの人々によく見られます。牛乳のほか、アイスクリーム、ヨーグルト、チーズなどの乳製品を口にした後で、腹部膨満や腹痛などの症状が出ます。乳糖、つまり乳に含まれる糖分を体が処理できないため、小腸の細菌が仕事を任されます。残念なことに、この細菌が乳糖を取り込んで大量のガスを生み出すため、腸が膨張し、痛みが生じてしまうのです。もっとも簡単な解決策は、牛乳や乳製品をいっさいさけることです。

レベル2 診察を受けたほうがいいケース

▼上腹部にぴりぴりとした痛みがひんぱんに感じられ、数週間続いている。何か食べた後は、よくなることもあれば悪くなることもある

胃か小腸に潰瘍《かいよう》があるのかもしれません。潰瘍は、胃壁にできた小さなクレーターのようなものので、胃酸に浸ると悪化します。上腹部の痛み、膨満、げっぷのほか、少ししか食べなくても満腹になったり、不快な心地がするといった症状が見られます。まれなケースですが、重度の出血を引き起こしたり、胃壁に穴を開けてしまうこともあります（すぐ深刻な感染症を招き、死に至る場合もあります）。要するに、潰瘍になるとろくなことはありません。

のどから胃や腸にカメラを入れる内視鏡検査で診断します。かつて潰瘍は、ストレス、過剰飲酒、喫煙からできるといわれていました。これらの3要因を医療業界が引き続きネガティブな目で見ているのも事実ですが、現在では多くの潰瘍は、ヘリコバクター・ピロリ（ピロリ菌）と呼ばれる細菌の感染症によって生じることがわかっています。潰瘍の治療は、抗生剤と制酸薬を併用して治療するのが一般的です。

▼何か食べた後、右上腹部に痛みが出る

胆嚢《たんのう》に石（胆石）があるかもしれません。胆嚢とは、肝臓の下にたくし込まれた小袋のような器官です。腸が脂肪を処理するのを助ける胆汁は、緑がかった液体で、肝臓で作られて胆嚢に蓄積されます。たとえば、フライドポテトのベーコン巻きチーズソースがけ（おいしそう）を1皿食べると、胆嚢が腸に胆汁を注入します。しかし、胆嚢に結石がある場合、腸につながる管が結石で一時的に封じられ、差し込むような痛みが出ることがあります。こうしたつらい症状を「**胆石疝痛《せんつう》**」と呼んでいます。胆嚢の胆汁排出を胆石がずっとふさいでしまうと、腫《は》れて感染症を招くこともあります。「**胆嚢炎**」と呼ばれるこの感染症は、持続的な強い痛みを引き起こし、緊急

の処置が必要になります（156ﾍﾟｰｼﾞ参照）。

「胆石の最も大きなリスク要因は四つのFである」といわれます。脂肪（Ｆａｔ：肥満）、女性（Ｆｅｍａｌｅ）、多産（Ｆｅｒｔｉｌｅ：ひとりかそれ以上の子どもがいる）、40代（Ｆｏｒｔｙ［かそれ以上］）です。つまり、多少の誤差はあるにせよ、だいたい億単位の数のアメリカ人が当てはまることになります。

幸い、たとえ胆石があっても、多くは胆石疝痛などの症状につながることはなく、処置も必要ありません。多くの人は幸せで満足のいく生活を営み、肝臓の下に石ころの入った小さな袋があることに気づきもしません。しかし、症状が出てしまった場合、胆嚢にメスを入れる以外の選択肢はほとんどありません。幸い、手術（胆嚢摘出術）はほぼ最低限の切開で済み、3～4ヵ所の非常に小さな傷あとが残るだけです。

▼下痢が数日続いている。抗生剤投与中（または最近投与した）

抗生剤はよく下痢の原因になります。これは、抗生剤がどうしても必要なときだけ投与される理由の一つです。抗生剤の投与を始めたのが1～2日前なら、下痢はおそらくその直接的な副作用でしょう。

抗生剤投与がすでに3日以上にわたる場合、または投与したのが2～3週間前という場合は、**「クロストリジウム・ディフィシル感染症」**かもしれません。クロストリジウム・ディフィシル

（「C・ディフ」とも呼ばれます）は、普段は大腸内にいるほかの善玉菌に抑制されている細菌です。ところが、抗生剤が投与されると、善玉菌にも世界の終わりのような打撃をもたらし、一方でC・ディフはゴキブリのように生き延びます。タフで汚らしく、撲滅《ぼくめつ》が非常に困難な細菌なのです。まれなケースですが、ときには抗生剤の助けがなくても、大腸を乗っ取ってしまうことさえあります。治療として、C・ディフをターゲットとする特別な抗生剤を投与することがあります（皮肉な話ですが）。

▼腹痛の悪化と下痢が3日以上続いている

胃腸炎を引き起こすたぐいの感染症よりも、厄介な疾患にかかっているかもしれません。前述のクロストリジウム・ディフィシル感染症のほか、ほかの面倒な細菌、たとえば赤痢菌、サルモネラ、大腸菌などに感染した可能性があります。また「**炎症性腸疾患**」や、免疫《めんえき》が腸の内壁に誤った攻撃をしてしまう「**セリアック病**」など、自己免疫疾患のケースも考えられます。

▼排便が済むと回復するひんぱんな腹痛があり、断続的に下痢や便秘、もしくはその両方が何ヵ月も続いている

「**過敏性腸症候群**」かもしれません。大腸の内壁が過敏になり、大便を押し出すときに痛みが生じる疾患です。腹部に不快感がひんぱんに生じ、排便の後はよくなるのが普通です。また、下痢や便秘の原因にもなり、両方が交互に起こることもあります。症状に応じて医師が食生活の変更や投薬の指示を行い、大便のかさを増減させます。鎮痛のため、抗うつ薬や腸のけいれんを減らす薬などを処方されることもあります。

▼生理のとき骨盤の痛みがひどくなる

たいていの女性は、生理がやってきたとき、腹部の張りや軽い腹痛くらいは経験しているものです。しかし一部には、学業や仕事にも支障をきたすほどの痛みを味わう人もいます。**「子宮内膜症」**か**「子宮筋腫《きんしゅ》」**のどちらかが原因になっていることが多いです。

子宮内膜症は、子宮の内腔《ないくう》にできるのと同じような組織が、どういうわけか本来とは異なる場所（卵巣、骨盤内の腹膜、腸など）にできてしまう疾患です。子宮の内腔の組織と同じように、この細胞組織も生理期間中はふくらんで出血し、痛みが生じます。細胞組織ができた場所によっては、性交や排便のときに痛みを感じる女性もいます。

一方、子宮筋腫は、子宮内や子宮の外壁にできる腫瘍です。がんになったりはしない良性腫瘍ですが、生理中のひどい出血や慢性的な痛みの原因になることがあります。場合によっては膀胱《ぼうこう》を圧迫したり（頻尿の原因になる）、不妊につながることもあります（子宮の形状がひどくゆがんでいると、胎児《たいじ》を支えきれない場合がある）。

子宮内膜症も子宮筋腫も、身体検査と骨盤の超音波検査によって診断を行います（子宮内膜症は厳密には生体検査［生検］が必要ですが、行わないことも多いです）。鎮痛薬、ホルモン治療、外科的除去などの治療を実施します。

レベル3 救急外来を受診すべきケース

▼便に血が混じっている

腹痛と血便の組み合わせは、悪い予兆以外の何物でもありません。可能性としては、大腸がん、炎症性腸疾患などの自己免疫疾患、重度の大腸の感染症、大腸への血液供給の阻害などが考えられます。少量以上の血液が便に混じっている場合は、緊急検査を受けに救急外来へ向かってください。

▼糖尿病があり、血糖値が非常に高い

体がインスリンを使いきったときに起こる、「**糖尿病性ケトアシドーシス（DKA）**」かもしれません。血液からブドウ糖を吸収し処理するにはインスリンが必要ですが、インスリンがないと血糖値が急上昇し、体は代わりのエネルギー源を探します。こうしたエネルギー源を使うと、激しい息切れ、疲労、朦朧《もうろう》感、そして腹痛などが起こることがあります。

この疾患は、糖尿病患者がインスリン投与を忘れた、十分なインスリン投与を行っていない、もっとインスリンを追加すべき状況になっている（感染症にかかると新陳代謝が急激に変化し、追加が必要になることがあります）、もともとはインスリン注射が必要なかった（が現在は必要になった）という場合に起こります。まれに、糖尿病の初期症状としてＤＫＡが出ることもあります。命に関わることになりかねない合併症で、緊急治療としてインスリンや輸液の点滴が不可欠です。

▼突然の腹痛とともにじんましんが出た

ピーナッツバターやカニやエビの入ったサンドイッチをひと口でも食べましたか？「**アナフィラキシー**」とは、じんましん、唇や舌の腫れ、吐きけ、腹痛、喘鳴《ぜんめい》、息切れ、朦朧感、意識消失などの急激なアレルギー反応が全身に出ることです。たいていはこれらの症状の最低でも二つが生じますが、全部ということはめったにありません。

アナフィラキシーだと感じたら、気道が完全に閉まってしまうまでにほんの2～3分しかないと思ってください。救急車を呼び、殴り書きでも遺言を書いておきましょう。公共の場で息切れが激しくなったら、症状をすぐに改善させるため、（最後の手段として）通行人にエピネフリン自己注射薬（商品名〈エピペン〉）を打ってもらいましょう。ただし、救急車がすぐ来そうなら、プロの助けを待ったほうがいいと思います。

▼右上腹部に激しい痛みがある

胆嚢と小腸を結ぶ管に閉塞《へいそく》が起こっているかもしれません。胆嚢（150ジペーの説明参照）は、胆汁と呼ばれる緑色の液体に満たされた小さな袋で、食後に脂肪の処理を助ける胆汁を小腸に送り出します。胆嚢には石ができることがあり、胆汁を小腸に送る管の中にこの胆石が居座ってしまう場合があります。こうなると、胆嚢が腫れたり感染症を起こしたりして、最終的には破裂にもつながります。これが「**胆嚢炎**」で、発熱や右上腹部の激痛を引き起こします。動けないほどひどい痛みになることもあります。

前述したように、胆石疝痛の病歴がある人がなりやすい疾患です（全員がなるわけではありません）。診断は超音波検査によって行います。通常は胆嚢の緊急摘出術を実施することになります。

▼右下腹部に激しい痛みがある

大腸から突出しているイモムシのような形状の管、盲腸で閉塞が起こっているかもしれません。盲腸は、人体において明白な機能を持たない痕跡《こんせき》器官と考えられていますが、ときどき手当たりしだいに人間に襲いかかってくることがあります。盲腸の感染症である「**虫垂炎**《ちゅうすい》」は、盲腸が閉塞して起こります。たとえば大便や腫れたリンパ節、近くにある腫瘍などによって閉塞してしまうのです。原因に関係なく盲腸は腫れ、実際に破裂してしまうことがあります。そうなると、へそのあたりから始まった腹痛が、盲腸の右上、すなわち右下腹部へ広がります。

痛みは非常に激しいもので、何か食べることを考えただけで吐きけがするような、動くこともできない痛みです。発熱、吐きけ、嘔吐などの症状を伴うのが一般的です。診断はＣＴ（コンピュータ断層撮影）スキャンで行います。標準的な治療は緊急の盲腸除去術です。女性の場合は、右の卵巣や卵管にも問題が起こっている場合があります（158ページ参照）。

▼左下腹部に激しい痛みがある

この痛みにはいくつかの原因が考えられます。女性の場合は左の卵巣か卵管に問題が起こっているかもしれません（158ページ参照）。

40歳以上の場合は、「**憩室炎**《けいしつ》」の可能性があります。特に便秘の人が年を取ると、大腸に大腸憩室と呼ばれる小さな袋状の隆起《りゅうき》ができることがあります。このありがたくない隆起は、左下腹部の大腸、つまり大便を排出する前に溜めておく場所にできることが多いです。大腸憩室そのものは通常は無害なものですが、ときどき盲腸のように閉塞して感染症を起こすことがあります。発熱、吐きけ、左下腹部の激しい痛みなどの症状が出ます。憩室炎の治療はたいていは抗生剤のみですが、重度もしくは再発の場合は手術が必要になることがあります。

▼上腹部に痛みがあり、息切れを伴い、激しい動きをすると悪化する

危険な疾患がすべて明白な特定の症状を示すなら、こんなにらくなことはありません。残念ながら、予想外の症状や不規則な症状を呈する疾患もあります。よくある例として、胸痛ではなく腹痛を起こす心疾患があります。階段を上ったり雪かきをしていたりする最中に腹痛が悪化したら、動いている間に心臓に続く動脈が閉塞を起こし、さらに血液を求めている可能性があります（心臓はたえず血液を全身に送っていますが、心筋自体にも血液の供給は必要で、特に心拍数が上がると必要性は切迫します）。こうした理由から、すべての（有能な）救急治療室は、説明のつかない激しい腹痛を訴える患者については、心疾患の有無を確認しています。

▼女性で、骨盤下部に急な激痛が起こっている

下腹部の痛みですか？　骨盤にはさまざまな器官がもつれあうように存在し、そのどれかが急な痛みを起こしている可能性があります。先にざっと復習しておきましょう。あなたの体には二つの卵巣が骨盤の両側にあり、卵子を作って放出しています。この卵子が卵管を通り、骨盤の中央にある子宮に向かいます。子宮は環状の子宮頸《けい》部で膣《ちつ》とつながっています。

こうした器官のどこでも問題が生じる可能性はあり、吐きけや嘔吐を伴うひどい骨盤痛が起こることもあります。たとえば、卵巣が血管の周囲でねじれ、「**卵巣捻転**《ねんてん》」と呼ばれる疾患がこれに当てはまります。同様に、「**卵巣腫瘍**」や「**卵巣嚢腫**」（液体貯留性の腫瘍）も、出血したり、

自然に破裂したりします。また、受精卵が子宮に行かず、偶発的に卵巣や卵管に詰《つ》まってしまい、本来の居場所ではないところに胎児が育ってしまう場合（子宮外妊娠）や、感染症が膣から子宮頸部、子宮、卵管へと広がったときもそうです。

さらに、当然ながら「**尿路感染症**」も骨盤痛の原因となります。これは通常そこまで激痛ではありませんが、頻尿《ひんにょう》や排尿時の痛みを伴います。

要するに、骨盤痛にはさまざまな疾患の可能性があり、ことによってはすぐさま重度の合併症、たとえば不妊症などにつながることがあります。ひどい骨盤痛を感じたら、緊急検査を受けてください。通常は、骨盤検査、基本的な血液検査や尿検査、骨盤の超音波検査などが実施されます。

▼皮膚や目が黄色っぽくなっている

腹痛に加え目や肌が黄色がかっていたら、間違いなく「**肝疾患**」の兆候です。肝臓は脂肪の多い食物の処理を助ける胆汁を生成しますが、肝臓が胆汁を胆嚢や腸へ送り出せなくなり、胆汁が血液に流入すると皮膚が黄色くなります。こうした症状は、急性肝炎（ウイルス感染、アルコール、アセトアミノフェン［商品名〈タイレノールA〉など］の過剰投与などによる肝臓の炎症）、もしくは肝臓から胆汁を排出する管の閉塞が原因であることが多いです。どちらにしてもすぐ治療が必要です。血液検査と肝臓の超音波検査により診断します。

▼深酒した翌日、ひどい腹痛や背中の痛みが出ている

新人の外科医はみな、三つの基本原則を叩き込まれます。「食べられるときに食べ、眠れるときに眠り、膵臓《すいぞう》に無理をさせるな」です。7杯目、8杯目と飲んでいるようでは、あきらかに膵臓に無理をさせていますし、そのつけもいずれ回ってきます。

膵臓は腹部にある器官で、インスリンや食物を消化するための化学物質など、さまざまな種類の必要不可欠なホルモンを生成します。理由はわからないのですが、深酒が膵臓に炎症をもたらすことがあります。「**急性膵炎**」と呼ばれるこの疾患になると、最悪の二日酔いでさえ、公園を散歩しているくらいにらくに感じると思います。軽症でもひどい腹痛になり、背中上部にまで痛みが広がることもしばしばです。重症になると、多臓器不全を起こして死に至ることもあります。早期の治療が必要ですし、通常は点滴と最低1〜2日の絶食で治療します。

急性膵炎のそのほかの原因に、胆石と自己免疫疾患があります。とはいえ、自分でコントロールできるリスク要因は飲酒量だけです。まずは落ち着いて、できるだけ節制し、1日1〜2杯の酒量に抑えましょう。

▼腹部と背中の両方の下部に、激痛の発作が起こっている

腎《じん》結石の移動は、男性が経験できる痛みとしては最も出産に近い痛みとよくいわれます。どちらも経験した不運な女性がなんというかはわかりませんが。

尿を生成する腎臓に小さな結石ができ、それが尿を膀胱に排出する細い管（尿管）に詰まってしまうことがあります。尿管が閉塞してしまうと、断続的に背中の下部や下腹部、ときには骨盤にもひどい痛みが起こります。石が尿管の血管を傷つけてしまうことも多く、これが血尿にもつながります。結石がプカプカ浮かんでいられるだけのスペースがある膀胱に、石がようやく出てくるまでは、この苦しみは続きます。

腎結石は、脱水症状につながることもあり、胃バイパス手術の経験がある人（胃と腸の配管を再編すると、結石のもととなる化学物質の吸収が高まるため）、糖尿病や高血圧や肥満の人によく見られます。超音波検査かＣＴスキャン検査により診断を行います。その後、痛みのコントロール、点滴（尿を増やして結石を押し出すため）、結石の移動促進の投薬などで治療します。結石が大きすぎて移動が無理なこともあり、そのときは特殊な処置により石を砕くか除去する必要があります。

▼発熱やひどい寒けがある

腹部に感染症があるかもしれません。小腸、肝臓、腎臓、生殖器官（特に女性）などの感染症が考えられます。すぐに精密検査を受けてください。ためらっているうちに、感染症が血流にも広がり、大事になるかもしれません。

▼ひどい嘔吐や下痢があり、頭が朦朧として体に力が入らない

朦朧感と虚弱は、重度の脱水症状や低血圧の兆候です。スポーツドリンクや、血圧回復に必要な水分とナトリウムを含む経口補水液などをくり返し飲みましょう（水だけでは十分な助けになりません）。何を口にしても吐いてしまうときは、救急外来へ行って点滴を受ける必要があります。

▼ここまで説明したどの症状にも当てはまらない、激しくたえまない腹痛がある

痛みだけでも検査を受ける理由になります。「**腸閉塞**」や「**腸管虚血**」（腸に十分な血液が行きわたらないときに起こる）などの致死的な疾患は、激痛以外にはこれといって症状が出ません。人生最悪の腹痛が30分以上続くなら、すぐ検査を受けましょう。

意図しない体重減

編集／マーク・アイゼンバーグ（コロンビア大学医療センター准教授）、クリストファー・ケリー（コロンビア大学付属NYプレスビテリアン病院循環器内科医）

ダイエット番組にレギュラー出演しているのでもないかぎり、急に大幅に体重が減るのはお祝いするようなことではありません。むしろ、意図せず短期間に体重が落ちるのは、明らかに深刻な潜在疾患《しっかん》があるというしるしの一つです。

ここ12ヵ月以内で、もとの体重の5％以上減っていますか？　主な栄養源がピザで、2階へ行くにもつねにエレベーターを使っていて、それでもそんな偉業が達成されたということですか？　もしそうなら、それが「意図しない顕著な体重減」ということです。

さて、どうすべきでしょう？　安全ピンでサイズ調整しなくてもいいような新しい服を買い、高校時代の水着を着て自撮りしておくべきでしょうか？　それとも結核病棟のある病院に行くべきでしょうか？　新たにがん検診を受けるべきでしょうか？

レベル1 落ち着いて対処すればいいケース

▼65歳以上の年齢に突入している

65歳を過ぎれば、たいていの人間は体重が減り始めています。味覚や嗅覚《きゅうかく》の変化で食事が楽しくなくなってくる、歯科関連の疾患で物が食べにくくなる、薬の副作用に関連した口腔《こうくう》乾燥症（ドライマウス）やむくみや食欲減退が起こるなど、年齢を重ねて出てくる不名誉な症状はたくさんあります。こうした要因のせいで、カロリー摂取が急激に減り、継続的に大きな体重減が起こることがあります。医師の診察を受けるときには、さまざまな下降傾向を見つけて問題解決に取り組むためにも、体重を測ることが重要になります。

▼生活習慣を改善している

十分に運動し、思った以上に良好な食生活を送っている、ということかもしれません。生活習慣に、ささいな、しかし安定した変化を一つもたらすだけで、何キロも体重が落ちることもあるのです。ずっと飲んでいた炭酸飲料をやめましたか？　夕方のハッピーアワーの時間帯に飲みに行く回数を減らしましたか？　それとも、歩く時間が大きく増えるような新しい仕事に就いたということはありませんか？

レベル2 診察を受けたほうがいいケース

▼いつものどが渇き、目を覚ましてはトイレに行くということをひと晩中くり返している

インスリンが欠乏して起こる糖尿病（1型糖尿病）か、インスリンに正常な反応ができなくなって起こる糖尿病（2型糖尿病）のどちらかかもしれません。いずれにしても、正常なインスリンの欠乏が起こると、食べ物から吸収した糖を体が処理して蓄積するということができなくなります。糖は血中にとどまり、腎臓《じんぞう》は必死になって糖をどこかへ排出しようとして、たえず尿を生成します。こうした糖は本来は脂肪や筋肉として蓄積されるものなので、体重減が起こることになります。

2〜3日中には診察を受けられない、あるいは朦朧《もうろう》感や吐きけがひどい（糖尿病の合併症の兆候で、命に関わることもあります）というときは、すぐ救急外来に向かいましょう。

▼ふるえ、動悸《どうき》、下痢《げり》などの症状があったり、いつも暑さを感じる

「**甲状腺《せん》機能亢進症《こうしん》**」かもしれません。甲状腺は新陳代謝を調整します。これが過剰に機能すると、体はたえず脂肪や筋肉を燃焼し、不要なエネルギーを生み出すことになります。甲状腺疾患は単純な血液検査で診断できます（すでに甲状腺ホルモンを投与している場合、投与量が多すぎる可能性があるので確認してもらいましょう）。

▼吐きけ、腹痛、ガス、下痢などの症状が数週間続いている

トイレットペーパーを使い果たしそうですか？　このところ、同居人がたくさんのアロマキャンドルをつけたりしていませんか？「**セリアック病**」もしくは「**潰瘍《かいよう》性大腸炎**」や「**クローン病**」などの炎症性腸疾患の可能性があります。これらの疾患は、免疫《めんえき》が混乱し、自分の腸に闘いを挑むせいで起こります。この結果、腸壁が食物からのカロリーを処理・吸収できなくなり、ただ受けわたすだけになるため、下痢になってしまうのです。のどからカメラを入れて胃や腸を調べる内視鏡検査や、肛門《こうもん》から大腸へカメラを入れる大腸内視鏡検査などが必要かもしれません。

▼最近、新しい薬の投与を始めた

体重減のほか、食欲減退、口腔乾燥（ドライマウス）、嚥下《えんげ》痛、吐きけ、むくみなどの副作用がある薬は多数あります。よく知られるものとしては、喘息《ぜんそく》、心疾患、糖尿病、てんかん、認知症などの薬や、甲状腺ホルモン、抗うつ薬、抗生剤などがあります。使っている薬に体重減の副作用があるか、主治医に聞いてみましょう。相談する前に自己判断で投薬をやめたりはしないように！

▼心疾患、肝疾患、腎疾患の治療のため、利尿薬の投与を始めた

心臓、肝臓、腎臓に疾患がある場合、尿の生成を促進し、過剰な塩分や水分を蓄積しないよう、利尿薬を処方されることがあります。すべての水分が尿となって排出されると、大幅な体重減につながることがあります（英語には「競走馬みたいに小便をする」という表現がありますが、これは調教師がレース直前の馬に利尿薬を与えることで、何キロかでも体重を減らし、足への負担を軽くしようとしたことに由来しています）。

よく使われる利尿薬としては、フロセミド（商品名〈ラシックス〉など）、トラセミド、スピロノラクトンなどが知られています。急に体重が増えたときは、利尿薬の投与量をもっと増やし、ことによっては食生活も変える必要があるしるしなので、体重を記録するようにしましょう。

▼ここ何ヵ月かつらいことが続いた

うつに悩まされると、食欲不振による体重減が生じることがあります。なんらかの治療法を試すべきか、医師と相談してみましょう。うまくいけば生活の質が大きく改善されます。

▼セキが出て、寝汗をかいている

最近海外に行った、刑務所にいた、HIV（ヒト免疫不全ウイルス）に感染したという人は、結核感染のリスクがあります。結核は、しだいに体重が減っていく傾向があるため、かつては「消耗性疾患」と呼ばれていました。消耗するのは肺も同じで、最終的には命も奪われかねません。胸部X線と痰《たん》の検査により診断します。

▼腸に小さなお友だちがいる

サナダムシなどの腸の寄生虫は、吐きけ、満腹感、そして体重減を引き起こすことがあります。実際、歴史上のさまざまな時代の女性たちが、誤った助言に従い、体重を減らすためにわざとこうした虫を飲み込んだりしていました。いうまでもなく、医者はこんなことを奨励しませんし、腸の寄生虫は命の危険にもつながる有害生物です。海外旅行好きの人で、体重減と膨満感が続いているようなら、寄生虫がいないか検便してみてください。

▼がんかもしれない

大腸内視鏡やマンモグラフィ、直腸検査などのがん検診を改めて受けてみてください。ちなみに、がんから体重減が起こっている場合、発熱、痛み、吐きけ、嘔吐《おうと》、少量の食事ですぐ満腹になる（肝臓や膵臓《すいぞう》が肥大しているため）などの症状も出ていることが多いです。

レベル3

救急外来を受診すべきケース

▼頭が朦朧とする。もしくは意識を失った

重度の脱水症状かもしれません。体の水分と塩分が大幅に低下すると、数日で急激な体重減が起こることがあります。脱水症状はしばしば、利尿薬（尿の排出を増やす薬）や便秘薬（大便の水分を増やす薬）などの薬剤投与でも起こります。また、何度も嘔吐や下痢をくり返した後で起こることもあります。まれに、過剰な運動と水分不足によっても起こります。重度の脱水症状は、治療しなければ低血圧につながり、臓器不全から死を招くこともあります。経口補水液を飲んでもすぐに回復しない場合、できるだけ早く救急外来に向かってください。

ちょっと診察　**意図しない体重増**

体重が増えるのはうれしくないものです。服が合わなくなる。横顔がぷっくりする。あごが二重になる。こうした苦境は自分の落ち度ではないと説明できるような病気（新陳代謝の衰えとか）があればいいのにと、ひそかに願っている人もきっと多いでしょう。そうなれば、健全な食生活や運動などの面倒な手段ではなく、薬などの簡単な治療法で解決できるようになるのでは？

残念ですが、太った原因が食べすぎと運動不足以外の理由によるケースは、本当にごく少数です。ただし、疲労や便秘、そしていつも寒いなどの症状が伴う場合、**「甲状腺機能低下症」**の可能性があります。甲状腺が不活発だと、新陳代謝が停滞し、体重増を引き起こすことがあるのです。また、妊娠適齢期の女性の場合で、にきび、顔の毛が濃い、生理不順などの症状がある場合、**「多嚢胞《たのうほう》性卵巣症候群」**の可能性があり、これも体重が増えることがあります。こうした疾患が疑われたり、1年未満で大きく体重が増えたりしたとき（4・5〜7キロ）は、医師の診察を受けましょう。

また、体重増を引き起こす薬もあります。三環系抗うつ薬（アミトリプチリン）、四環系抗うつ薬（ミルタザピン〔商品名〈レメロン〉など〕）、抗てんかん薬（バルプロ酸、カルバマゼピン〔商品名〈テグレトール〉など〕）、抗精神病薬（オランザピン〔商品名〈ジプレキサ〉など〕、クロザピン〔商品名〈クロザリル〉〕）などがそうです。薬を替えたいときは、前もって主治医に相談するようにしましょう。

腹部膨満とガス

編集／マーク・アイゼンバーグ（コロンビア大学医療センター准教授）、クリストファー・ケリー（コロンビア大学付属NYプレスビテリアン病院循環器内科医）

体内で大量のガスを生産してしまっている？　エレベーターで乗り合わせた人を気の毒に思うくらいに？　それとも、一番困っているのは、毎食後1～2サイズ変わるほどふくらんでしまう、おなかのことですか？

膨満は、胃や腸内の気体で腹部がふくれることです。何かを飲み込むときは空気も胃に入るもので、普通の飲食中はそれが当然です。一方、腸内で食物の消化を助ける無数の細菌《さいきん》も、腸内で気体を生み出しています。胃にたまった気体はげっぷとして排出され、腸でできた気体は膨満につながります（これがガス、つまりおならです）。

いかにとりすましたお行儀のよい人に見えようとも、誰でも1日に20回はガスを排出しています。もし広いフロアのオフィスで仕事をしていれば、その空間で9時から17時の間に、静かな、しかし破壊力のあるガスが、何百発分も漂っているということになります（在宅で仕事をしたくなる理由の一つですね）。

大食いや早食いをした後などに、腹がふくれるのは正常なことです。ですが、膨満が長引くようだと、腸閉塞《へいそく》、肝疾患《しっかん》や卵巣がんによる液体貯留（気体ではなく）など、もう少し深刻な兆候の可能性があります。

レベル1 落ち着いて対処すればいいケース

▼豆をたくさん食べた

腸内細菌は、体が対処しきれない食物の処理を助けています。この細菌たちは、特に豆類（エンドウ豆、インゲン豆、ヒヨコ豆、レンズ豆など）やアブラナ科の野菜（カリフラワー、ブロッコリー、キャベツ、芽キャベツなど）が大好きです。ただ、細菌たちが人間の食べ残しをご馳走としていただいた後は、メタンや二酸化炭素などのガスができます。誰もが経験上知っていると思いますが、これらのガスは、仕事のミーティングや初デートの最中ほど、外に出てこようとしたがります。2～3日こうした食べ物をさけ、ガスが落ち着くか様子を見てみましょう。落ち着くようなら、引きつづきさける（健康にいい食品なので理想的な解決策とはいえませんが）、もしくは、細菌がこれらの食物を取り込む前に処理を助けてくれるサプリメントを試してみてください。

▼いつもさわやかな口臭をふりまいている

チューインガムはストレスを和らげ、口にさわやかなミントの匂いを残してくれますが、ガムを嚙《か》めばたくさんの空気も飲み込むことになります。そのうえ、ガムにはよくソルビトールと呼ばれる甘味料が含まれています。豆類や野菜をむさぼり食う腸内細菌は、ソルビトールにもすばやく反応し、大量のガスを生み出します。あなたのさわやかさは増しますが、ウェストサイズも増えるかもしれません。

▼何よりもコーラが好き

ストローで炭酸飲料を飲むのは、自分から膨満になろうとするようなものです。第1に、ストローを使うと、大量の空気を吸い込むことになります（げっぷで外に出すことはできますが、横になると、その空気が腸に届いてしまうこともあります）。第2に、炭酸飲料の泡は、炭酸飲料の水分が体をめぐる間にもどこかへ逃げようとします。第3に、甘い飲料や食品に含まれる果糖（通常は果糖ブドウ糖液糖の形で含まれます）は、体内処理しきれない人間が多いです。それを誰が助けると思いますか？　お察しのとおり、腸内細菌が果糖を消費し、ガスを生み出すのです。

▼牛乳が苦手

乳糖は牛乳に含まれる主要な糖分ですが、これを適切に消化するのに必要な酵素《こうそ》（ラクターゼ）がない人がたくさんいます。この「**乳糖不耐症**」は、特にヒスパニック（10人に6人）、黒人（10人に7人）、アジア人（10人に9人）に多く見られます。未消化の乳糖はそのまま大腸に行き、そこで細菌が乳糖を発酵させ、ガスを生みます。牛乳や乳製品（アイスクリーム、ヨーグルト、チーズ）を減らし、症状が改善するか様子を見てください。もし改善するようなら、そのまま乳製品を控えるようにしましょう。

▼生理前に腹部膨満が起こる

生理前のホルモン値の変化により、体が水分と塩分を吸収することで、腹部の大きな膨張が起こることがあります。塩分を減らし、できるだけ体を動かして、食物が器官に行きわたるようにしてください。時間がたつにつれて膨満がさらに悪化するようなら、医師の診察を受けてください。

▼体がほてり、同時に膨満が生じる

膨満と便秘は、妊婦4人のうち3人に影響を与えます（ここでいうのはもちろん、胎児《たいじ》によって拡張した子宮の膨満ではなく、さらにそれに加わる膨満のことです）。プロゲステロンと呼ばれるホルモンの増加で、腸内の食物の動きが遅くなることがあります。さらに、妊婦用ビタミンに含まれる鉄分が便秘を悪化させることもあります。膨満を改善するには、水分をよくとり、食物繊維の多い食品を食べ、よく動くようにしましょう。

▼副作用による膨満の場合

腹部膨満の副作用がある薬やビタミンはいくつかあります。たとえば、抗生剤は腸内の善玉菌を殺してしまい、膨満や下痢《げり》を引き起こすことがあります。アスピリン、鎮痛薬（オピオイド系）、鉄剤、制酸薬、抗うつ薬などでも膨満が生じることもあります。薬をやめたいときは、先に主治医と相談するようにしてください。

レベル2 診察を受けたほうがいいケース

▼膨満と腹痛があるが、排便後には大幅に改善する

「過敏性腸症候群」かもしれません。食品やガスによる膨張に対し、腸が非常に敏感になるため、本来なら問題ないはずの膨満感でも居心地が悪くなります。また、下痢か便秘、もしくはその両方が起こる人もいます。いずれにしても、排便で腸内の圧力は減り、全般的にはだいぶらくになります。医師に相談すれば、食生活の変更や、症状をコントロールするための薬をすすめてくれると思います。

▼1日中変化のない膨満があり、排便後も回復しない

腸内に、気体ではなく液体（腹水）が溜まっているのかもしれません。何か食べただけでは変化しないため、1日中膨満が続きます。溜まっている液体が多いと、目に見えて腹部がふくらむこともあります。**「肝疾患」「心疾患」「がん」**（卵巣がんなど）の可能性があります。腹部の超音波検査により、腹水の様子やおおよその原因を知ることができます。皮膚や目が黄色っぽくなっていれば肝疾患、足がむくんでいれば心疾患の可能性が高いです。

▼糖尿病だが食生活を抑制できていない

正常な胃は、食べ物をかきまわして小さな断片にし、腸に送り込みます。糖尿病は胃の神経にダメージを与えることがあり、そうした仕事の能力が損なわれます。**「胃不全麻痺《まひ》」**と呼ばれるこの疾患においては、食物は器官をめぐるより、ただ胃に居座ってしまいます。つねに膨満と吐きけが生じ、胃にも文字どおり空きがないため、食べ物も受けつけなくなります。スキャン検査により、胃が空になる速度をモニタリングして診断します。

胃不全麻痺の治療法は、やわらかいものを中心とした食事を、何度か少量に分けて食べることです。吐きけを和らげたり、胃の働きをうながす薬を投与することもあります。

レベル3 救急外来を受診すべきケース

▼吐きけと激しい腹痛がある

「腸閉塞《へいそく》」により、食物や空気の正常な移動が妨げられているのかもしれません。放置すると、閉塞が腸に深刻な損傷を与え、命の危険につながることもあります。すぐに救急外来に行き、腹部X線検査で閉塞の有無を調べてもらいましょう。

▼ここ1〜2週間で明らかな体重減があり、息切れがする

「腎《じん》疾患」「心疾患」「肝疾患」などにより、肺や腸に進行性の液体貯留が起こっているかもしれません。こうした器官に問題があるという覚えがなくても、救急外来で検査を受けてください。

ちょっと診察　プロバイオティクスをとるべきか？

人の腸内には無数の細菌がいます。その数は、体のほかの部分にある細胞の数よりも、銀河の星の数よりも多いといわれます（細菌の細胞は人間の細胞よりずっと小さいため、腸の曲がりくねった管のなかにも何十億と寄り集まることができます）。

「ちょっと待って！」と思うかもしれません。「細菌って悪いものじゃないの？　感染症の原因でしょう？　腸にそんなにたくさんいるなんて、時限爆弾を抱えているようなものじゃないの？」。実は、細菌の大半は悪役ではありません。こうした細菌たちは、フジツボのように人間の大腸に喜んで住みついています。大腸にやってくる食物を楽しみ、人間にも恩恵をもたらしてくれます。食物の処理を手助けしたり、ホルモンを調節したり、免疫《めんえき》の暴走を阻んだり（免疫は自分の体の細胞に攻撃することがある）、その他たくさんの仕事をしてくれます。

実のところ、クロストリジウム・ディフィシルなどの悪玉菌を締め出し、感染症を実際に阻止しているのはこうした善玉菌なのです（善玉菌まですべて殺してしまう抗生剤の投与により、クロストリジウム・ディフィシル感染症が起こるのはそのためです）。

腸内細菌に変化が起これば、腸や全身の健康にも直接の影響があることはすでに明らかです。

そのため、善玉菌を薬にしたり食品に混ぜたりして摂取する、「プロバイオティクス」という商品に強い関心が集まるようになりました（ビフィズス菌やブルガリア菌が含まれた、ヨーグルトやサプリメントの広告を見たことがあるのではないでしょうか）。

さて、こうしたサプリメントは本当に効くのでしょうか？　下痢、便秘、過敏性腸症候群、その他さまざまな症状に関する研究が行われていますが、まだ決着はついていません。体に悪いという証拠はありませんが、間違いなく助けになるという証明もされていません。感染症に関連した下痢症状を短くできる可能性はあります。また、クロストリジウム・ディフィシル感染症の病歴がある人に抗生剤が必要なときは、再感染のリスクを減らすためにプロバイオティクスを使うほうがいいでしょう。

吐きけ、嘔吐

編集／マーク・アイゼンバーグ（コロンビア大学医療センター准教授）、クリストファー・ケリー（コロンビア大学付属NYプレスビテリアン病院循環器内科医）

「これは吐きそうだ」と感じたとき、人はなんともいえない独特な恐怖を味わいます。トイレに駆け込み、便座を上げ、ひざまずき、何秒かにわたって便器に胃の中身をぶちまける。息をつくと、鼻と口にぴりぴりした感じがのぼってきて、そして事態はなお悪化していると気づく。「ああ、また吐きそうだ、苦しみはまだ終わっていない！」

嘔吐《おうと》は恐ろしく不愉快なものですが、実際には防御的な反応であり、入ってきた毒素を体内から一掃するための機能です。何か危険なものが入ってきたことを感知すると、胃は賢明に身悶《もだ》えし、すぐ内容物を口から吐き出そうとします。

幸い、たいていの人間は、年に2～3回程度しか吐くことはありません。前の晩に疑わしい寿司を食べた、カクテルを少しばかり飲みすぎた。吐く。元気になる。人生はそうやって続いていきます。

とはいえ、吐きけや嘔吐が何日ないし何週間と続き、吐かずにこらえるのもつらい、人前にも出られないという事態になることもあります。また、血液や胆汁《たんじゅう》（緑色の液体）が吐瀉《としゃ》物に混じっているのに気づくこともあります。本当に大丈夫？　ベッドのそばに洗面器を置いて寝たほうがいい？　制酸薬を服用したほうがいい？　どんな状態になったら検査を受けるべき？

レベル1　落ち着いて対処すればいいケース

▼軽い腹痛があり、1～2日にわたって吐いている。下痢の症状もある

胃や腸が感染による炎症を起こし、「**胃腸炎**」（いわゆる胃腸カゼ）になっていると思われます。吐きけ、嘔吐、下痢《げり》、軽い腹痛などの症状が出ます。発熱する人もいます。経口補水液などで水分をとりつづけることが重要です（スポーツドリンクでもかまいませんが、成分バランスがそこまでよくないため、内臓から最大限に吸収でき、下痢で失われた水分も補えるとはいいきれません）。胃を刺激しないような食物を少量食べるようにします。

制酸薬で、胃の炎症を落ち着かせることもできます。2～3日中にはよくなってきます。ならなければかかりつけ医に電話しましょう。ひどい腹痛や血が混じった下痢の症状がある、頭が朦《もう》朧《ろう》として吐きけが止まらないといった場合には、救急外来に向かいましょう。

▼友人たちと楽しい食事会をした後、参加者全員が吐きけをもよおしている

あなたのポテトサラダは素晴らしい出来のはずでした。悲しいかな、友人たちはみな、暗殺未遂にあった気分になっているようです（次の食事会はぜひケータリングにしましょう）。

食中毒は、食べた料理が細菌《さいきん》やその毒素に汚染されていた場合に起こる胃腸炎です。食後6～24時間で、吐きけ、嘔吐、腹痛などの症状が出ます。サルモネラ（卵、よく加熱していない鶏肉、低温殺菌していない牛乳などに繁殖）、ビブリオ属菌（生の貝に繁殖）、ブドウ球菌（惣菜の肉やサラダなど、手で調理し、その後火を通していないものに繁殖）などがよく問題を起こします。同じものを食べた複数の人々が同じ症状を示していれば、診断は簡単です。経口補水液で水分をとり、後は我慢です。制酸薬も症状を和らげるかもしれません。2～3日たっても回復しなければ、医師の診察を受けましょう。

▼妊娠中

まずは何より、おめでとうございます！（という話でありますように！）とはいえお気の毒ですが、妊娠初期の妊婦の多くが、かなり長い時間をトイレでひざまずいて過ごすことになります。つわりは「朝の吐きけ《モーニング・シックネス》」とも呼ばれますが、1日中いつでも起こる症状です。つわりが生じるのは進化の産物と考える科学者は多く、胎児《たいじ》が毒素に対して最も感受性が強い時期につわりがあるせいで、母親が刺激の強くない安全な食べ物を選ぶようになるといわれています。20週目くらいまでには落ち着いてきます。そのころには、どうやって大きなおなかで歩きまわるかのほうが、重要な心配事になっているでしょう。

婦人科医にもつわりのことは報告したほうがいいですが、吐きけが生活に支障をきたすほどひどいとか、発熱や腹痛、下痢などが一緒に起こっているというのでなければ、心配する必要はないでしょう。何度かに分けた少なめの食事をして胃を落ち着かせ、間食はショウガの砂糖漬けやお茶にしましょう。ビタミンB_6（ピリドキシン）を試してもいいと思います。10ミリグラム《ミリグラム》を1日3回の服用から開始しましょう。

鍼《はり》治療やリストバンドによる圧迫が効くという妊婦もいますが、本当かどうかはわかっていません。どれもうまくいかなければ、医師が吐きけを抑える薬を処方してくれるでしょう。

▼妊娠しているはずがないが、可能性ゼロというわけでもない

あなたが女性で妊娠可能な場合（つまり、子宮が健全で、過去9ヵ月以内に男性とセックスしたことがある場合）、吐きけがつわりである可能性はつねにあります。妊娠検査薬で調べてみてください。

レベル2 診察を受けたほうがいいケース

▼新しい薬の投与を始めたばかり

副作用で吐きけが起こる薬はたくさんあります。鎮痛薬（特にヒドロコドンやオキシコドンなどのオピオイド薬）、抗生剤、化学療法の薬などがそうです。もし投与中の薬が吐きけを起こしていると感じたら、医師に相談しましょう。薬が変更できない場合（特に化学療法の薬など）、助けになりそうな強い制吐薬を処方してもらうこともできます。

▼世界が回っているような感覚がある

自分の頭の位置や動きを感じ取るのは、内耳の役目です。この感知機能がおかしくなると、「**回転性めまい**」すなわち、たえず動いているようなひどく不快な感覚が生じます。毒物や毒素（アルコール含む）がめまいを引き起こすことが多いため、めまいが起こると、体は胃に残っているかもしれない毒素を吐こうと本能的に反応します。めまいと毒素にはなんの関係もなくても、吐くという本能は消えません。医師に相談して回転性めまいの原因を検査し、適切な治療を受けましょう（41ページの「めまい」参照）。

▼食事を始めるとすぐ満腹になってしまい、1時間もしないうちに吐いてしまう

ほんの少し料理を味わっただけで戻してしまう？　すぐ満腹になり吐いてしまうなら、胃が食物を適切に腸へ運べていない可能性が考えられます。その結果、普通より早く腹がふくれてしまい、ときには食べすぎの状態になって吐いてしまうのです。

一つ考えられることは、胃と腸のつながりが遮断《しゃだん》されているかもしれないということです。**「胃流出路閉塞《へいそく》」**と呼ばれるこの疾患《しっかん》は、胃潰瘍《かいよう》のせいで胃の出口の周囲が腫《は》れることにより起こります。また、よりまれなケースでは、胃壁の腫瘍《しゅよう》が原因となっていることもあります。

また、筋肉が収縮せず、胃が食物を器官に押し出せなくなっている可能性もあります。胃はただのぐにゃぐにゃした肉の袋みたいに食物を詰《つ》められ、その処理もせず、ほかへ送り出すこともできません。「胃不全麻痺《まひ》」と呼ばれるこの疾患は、長期にわたる糖尿病により、胃の筋肉をコントロールする神経が損傷を受けることで生じます。

症状の原因を突き止めるため、内視鏡検査（大腸内視鏡検査と似たものですが、カメラを尻《しり》からではなくのどから通します）などのいくつかの検査を受けることになるでしょう。

▼ずきずきする頭痛、吐きけ、嘔吐が2～3週間続いており、騒音にどんどん敏感になっている

頭の片側がずきずきと痛むなら、**「片頭痛」**になっているかもしれません。片頭痛が吐きけを伴うことはよくあります。ストレス、生理、強い臭いなど、特定の現象に対して頭痛が起こる傾

向があります。詳しくは15ページを参照してください。

▼年に2〜3回、1日か2日にわたる強い吐きけと嘔吐が襲ってくる

「**周期性嘔吐症候群**」と呼ばれる、めずらしい疾患の可能性があります。吐きけと嘔吐が数日続き、その後何週間ないし何ヵ月の間は正常な状態に戻ります。この周期がずっとくり返されます。片頭痛の病歴がある人によく見られ、片頭痛の治療がこの症状の改善にも役立つことがあります。診断を下す前に、ほかに吐きけの原因がないか調べることが重要なため、複数の検査を受けることになります。周期性嘔吐症候群には効果的な治療法はありませんが、片頭痛の薬や抗うつ薬が助けになるかもしれません。

レベル3 救急外来を受診すべきケース

▼糖尿病があり、血糖値が非常に高くなっている

体がインスリンを使いきると、血糖の処理がまったくできなくなります。体内器官はエネルギーを糖分に依存しているため、仕方なくほかのカロリー源を探します。血糖値は急上昇し、代替エネルギー源の副産物（ケトン体）によって血液が酸性になります。吐きけ、疲労、腹痛、深

い呼吸などの症状が出ます。インスリンの緊急注入と点滴が必要です。できるだけ早く救急外来に向かってください。

▼ひどい頭痛を伴っている

前述したように、片頭痛にはしばしば吐きけや嘔吐の症状が一緒に出ます。しかし、片頭痛の病歴がなく、吐きけを伴う新たなひどい頭痛が起こっている場合は、脳にかかる圧力が増している可能性があります。頭蓋《ずがい》は閉鎖されていて、あまり余分な空間はありません。そのため、脳浮腫や脳出血、腫瘍などがあると、脳が圧迫されます。初期症状は頭痛と吐きけです。悪化すると錯乱が起こり、疲労し、視野に問題が生じます。最終的には脳に重度の損傷が生じ、死に至ることもあります。できるだけ早く助けを求めるようにしてください。

▼吐瀉物の大半が血液

ビーツのサラダを食べた、大きな器に入ったトマトスープを飲んだというのなら、赤いものを吐くこともあるでしょう。しかし、吐いたほかのものとは異質な、まぎれもないあざやかな赤い液体が便器の中で渦巻いていたら、それはおそらく血液です。胃や腸の出血は、大便と一緒に出るのが普通です。しかし、胃や食道（口と胃をつなぐ管）にひどい出血が生じると、反射的な嘔吐が誘発され、映画『エクソシスト』の嘔吐シーンも平凡に思えるような事態が起こります。進行した肝疾患があると、食道の血管がもろくなり、血液を正常に凝固させられなくなるため、この恐ろしい事態に至るリスクが高くなります。

▼激しい腹痛がある

「**急性腹症**」（命に関わる合併症が起こる前にすぐ治療を要する腹部症状の総称）を引き起こす原因はたくさんあり、吐きけと激しい腹痛の組み合わせはその症状の典型的なものです。腸閉塞、膵炎《すいえん》、胆嚢炎《たんのう》、盲腸炎（虫垂炎《ちゆうすい》）、腸の隆起《りゆうき》部の炎症（憩室炎《けいしつ》）などが考えられます。腸閉塞が起こっている場合、食物は体内器官に送られず、入り口に戻されます。腸のだいぶ奥まで行ったものが戻ってくるので、嘔吐するとすさまじい臭い（便のような悪臭）がすることもあります。詳細な情報は、「腹痛」（146ページ）を参照してください。ただし基本的には、痛みがひどければすぐ治療を受けるべきだと考えてください。

第4章

女性の器官

胸のしこり

編集／ティモシー・リンツ
（コロンビア大学医療センター産婦人科助教）

乳がんは女性の8人に1人がかかる疾患《しっかん》であり、しこりに気づいたら心配になるのは当然です。明るい話をすれば、しこりの多くはがんではありません。あまり明るくない話をすれば、しこりががんかどうかを確かめるには、画像検査や生体検査（生検。乳房の組織の小片を外科的に採取して調べる方法）が必要なことがあります。

よく女性から、「胸のしこりは日常的に確かめたほうがいいのか（もしそうならどのくらいの頻度《ひんど》が適切か）」という質問を受けます。この問題については、医師たちの間でも、長年、白熱した議論が交わされてきました。多くの医療従事者たちが出した最終結論としては、こまめな自己触診はかえって害が大きいというものでした。ほかの検査手法とは違い、自己触診は悪性のしこりと良性のしこりを効果的に区別することができませんし、追加で行う侵襲性の高い検査も結局は無駄になることがしばしばです。

そうはいっても、女性は正常時の自分の乳房の感触にはなじみがあるもので、日常的な触診はしていなくても、しこりや乳房の形の変化に気づくことはあると思います。そのときはどうすべきでしょう？　1週間様子を見てみるべきでしょうか、それとも救急外来に行って緊急のマンモグラフィ検査を受けるべきなのでしょうか？

レベル1 落ち着いて対処すればいいケース

▼乳房を負傷し、はっきりとした傷の下にしこり状のものができている

乳房に傷を負ったら、皮下にしこりのような血液の塊《かたまり》ができることがあります。傷が薄れていく間、しこりの様子を1週間ほど観察することが重要です。しこりが小さくならなかったら、医師に見せてください。乳房の傷は、乳房の脂肪分が硬くなる「脂肪壊死《えし》」と呼ばれる現象につながることがあります。それががんでないことを証明するため、多くの場合、詳しい検査が必要になります。傷を負った場所に偶然に腫瘍《しゅよう》があるはずがないとは、誰にもいいきれません。

▼生理中に乳房が痛くなり、しこり状のものができる

乳房に多数の小さな嚢腫《のうしゅ》（液体貯留性の腫瘍）ができることはめずらしくなく、それが生理中に腫《は》れて痛むことがあります。実のところ、どちらの胸にも嚢腫はあり、しこりのようなものは全体に感じられます。大きいしこり、長期的にあるしこりの場合は、胸部超音波検査で調べる必要があるかもしれません。

レベル2 診察を受けたほうがいいケース

▼現在授乳中である

乳腺《にゅうせん》の腫れを引き起こす**「乳管閉塞《へいそく》」**が起こっているかもしれません。乳瘤《にゅうりゅう》と呼ばれる塊は、腫瘍に似た感触で、授乳期間中やその直後に生じます。マンモグラフィや超音波検査でがんの兆候がないか調べてもらいましょう。診断を確認するため、しこりのある領域に針を刺し、母乳が出てくるか見ることもあります。乳瘤そのものは危険なものではなく、通常はそれ以上の治療は必要ありません。

▼乳首の近くに痛みのある赤いしこりがある

授乳期間中の女性に多い、**「乳腺炎」**と呼ばれる感染症かもしれません。乳腺炎では、細菌《さいきん》や膿瘍《のうよう》と呼ばれる免疫《めんえき》細胞が硬い球状になることがあります。治療は抗生剤で行い、しこりが大きければ膿瘍から膿《うみ》を排出させます。抗生剤を使っても感染症の症状が改善せず、乳がんの初期兆候の**「パジェット病」**が判明する場合もあります。診断にはさらに検査が必要になります。

▼ここまでの説明のどれにも当てはまらないタイプのしこりがあるが、それ以外は健康

2〜3日のうちに診察を受けるようにしてください。年齢や乳腺の密度により、胸部の超音波かマンモグラフィ（あるいは両方）が必要になると思われます。しこりに問題がないとはっきり判明しない場合は、生検を行うことになります。しこりの検査だけのために救急外来へ行かないでください。行ってもマンモグラフィは実施していませんし、すぐ通常の診察に回されます。

レベル3 救急外来を受診すべきケース

▼乳房が赤く腫れて痛み、発熱や寒けがあり、頭が朦朧《もうろう》とする

重度の「**乳腺炎**」かもしれません。点滴や抗生剤などで緊急処置を行う必要があります。2〜3時間のうちに主治医の診察を受けられないようなら、救急外来へ向かってください。

ちょっと診察　マンモグラフィ検査

マンモグラフィはいまだに論議を呼ぶテーマです。医療機関のなかには、40歳でこの検査を受け始め、毎年それを続けるようすすめているところもあれば、50歳（家族に乳がんの病歴があればそれより早く）で始め、2年に1回検査を受けるべきというところもあります。

早くからひんぱんに検査を受けると、何が問題になるのでしょうか？　つねに健康を保とうとするのはいいことなのでは？　残念なことに、マンモグラフィは完璧な検査とはいえません。マンモグラフィでは、しこりががんかどうかがわからないことがあり、異常が出れば生検になることがしばしばです。また、2枚の硬いプラスチックの板で乳房を挟むというマンモグラフィそのものも、簡単にできる検査とはいえません。

このため、早くからひんぱんにマンモグラフィを受ければ、早めにがんを検知できるかもしれないとしても、同時に、本来なら気づかれず問題にもならない非がん性の腫瘍が見つかる可能性も増えます（男性の場合なら前立腺がんの検査に同様のことがいえます）。医師と相談し、自分の立場や要望に合った最善のスケジュールで検査を受けるようにすべきです。

乳頭分泌

編集／ティモシー・リンツ（コロンビア大学医療センター産婦人科助教）

長かった1日の終わり、ようやく解放されてくつろげる時間がやってきました。家に帰り、玄関にバッグを置き、まっすぐ寝室に行って服を着替えます。ふんわりしたパジャマを手に取り、脱いだ服をベッドに次々と投げ出します。好きなテレビ番組でも見ようと、リモコンに手を伸ばし……うわ、何これ？　ブラジャーの内側にしみ？　血なの？　ひょっとして乳がん？

ときとして乳房は、授かりものというよりお荷物だと思うこともあるかもしれません。成人の女性たちは、背中の痛み、1年に1回のマンモグラフィ検査、たえず頭の片隅にあるがんの恐怖、それに、じろじろと見る、あるいは見とれているかのような、無数の視線に耐えているものです。それもこれも、進化という観点からいえば、ほんの2～3ヵ月自分の子どもに授乳するためだけに、我慢しなければならないことなのです。

でも、家に子どももいないのに、母乳、あるいはほかの液体が乳首から出てきたら？　おさまるかどうか2～3日待つべき？　それともすぐにマンモグラフィか超音波検査を受けるべきでしょうか？

レベル1 落ち着いて対処すればいいケース

▼あなたのパートナーは、あなたの胸を触るのがとても好き

性交渉の間にくり返し乳首を刺激されると、赤ん坊がミルクをほしがっていると体が誤解してしまうことがあります。経済学を専攻した人なら誰でも知ってのとおり、需要には供給が必要です。脳が授乳刺激を受けて反応すると、プロラクチンと呼ばれるホルモンが分泌《ぶんぴつ》され、母乳が両方の乳房から出てきます（「プロラクチン」という名前は「プロモーティング・ラクテーション［授乳を促進する］」に由来しています）。

パートナーには、もっとほかの楽しみも見つけてほしいと伝えましょう。そこはあなたがたの創造性にお任せします。分泌が1～2週間以上続くときは、診察を受けてください。分泌物が片方の乳房からしか出ない場合は、がんなどのもっと危険な腫瘍《しゅよう》ができている可能性もあります。

▼いつもブラジャーをつけていない

シャツの内側で乳首が動きまわり、布地にこすれていると、やはり赤ん坊がミルクをほしがっていると脳が誤解してしまうことがあります（とても原始的な反射です）。ゆるいブラジャーや

乳首ピアスによる刺激でも、授乳反応が生じたりします。脳からの信号に他の選択肢はないため、前述と同様、母乳は両乳房から分泌されます。ブラジャーをつけても母乳が出つづけるようなら、診察を受けてください。

▼最近、胸部の手術、やけど、それ以外の負傷をした

最近胸にメスを入れたばかりなら、乳頭からの分泌など一番起こってほしくないことでしょう。しかし残念なことに、人の神経系は複雑で、胸に痛みがあるのは、赤ん坊に乳首を吸われたせいだと誤解することがあるのです（でっちあげだといわれそうですが、本当です）。前述のとおり、脳の授乳反応が起こると、両乳房から白い分泌物が出てきます。主治医には、胸……ではなく、腹を割った報告をしておきましょう（すみません、つい、いいたくなりました）。

▼妊娠中

妊娠期間の最後の2～3週間は、ホルモンが過剰に働き、両乳房からミルクのような分泌物が出ることがあります。普通のウォーミングアップだと考えてください。ただ、血が混じった分泌物が出る場合があります。乳房の迅速《じんそく》な成長と充血によるもので、おそらく異常ではありませんが、主治医には伝えるようにしてください。

レベル2 診察を受けたほうがいいケース

▼片方の乳房から分泌物が出る

片方の場合は、脳の授乳反応のせいではなく、乳房そのものに問題がある可能性があります。害のない腫瘍から乳がんまで、さまざまなケースが考えられます。年齢や過去の病歴に応じ、マンモグラフィか超音波検査、もしくはその両方を受けることになるでしょう。また、造影剤を乳首に注入することで、スキャンしたときに乳腺《にゅうせん》が明確に見えるようにすることもあります。

▼片方の乳首の周囲に発疹《ほっしん》や赤みがある

乳首やその周囲にかさぶた状の感染症が生じると、膿《うみ》のような分泌物がしみ出てくることがあります。高熱や朦朧《もうろう》感を伴う場合、感染症は血液に広がっている可能性があるので、すぐかかりつけ医に電話をしてください。

さらにまれなケースですが、深刻な疾患《しっかん》として「**パジェット病**」による乳首の炎症も考えられます。パジェット病は乳がんの一種で、乳首の周囲に赤くて痛みのある発疹が現れ、分泌物が出ることもあります。パジェット病とほかの皮膚感染症を区別するのは難しいため、抗菌薬かステロイドの塗り薬を処方されると思います。１週間以内に発疹が改善しなければ、パジェット病かどうかを調べる生体検査（生検）が必要になります。

▼統合失調症、慢性的な吐きけ、腹痛などの薬を投与している

統合失調症を治療するための抗精神病薬（ハロペリドール、フルフェナジン、リスペリドン〔商品名〈リスパダール〉など〕）や、吐きけ治療の薬（メトクロプラミド）は、脳の正常な信号を阻害し、プロラクチン値を上げてしまうことがあります。その結果、両乳首からミルクのような分泌物が出てきます。

症状が気になるようなら、医師と相談し、薬の投与量か薬そのものを替えてもらいましょう（自分の判断で替えるようなことはしないでください）。分泌物が片方の乳首からしか出ないときは、乳がんの精密検査が必要になります。

▼疲労や便秘があり、体重が増えてきた

「それだけなら仲間はたくさんいますよ」といっておきましょう。とはいえ、こうした症状が今までまったくなかったのであれば、「**甲状腺疾患**」の可能性もあります。甲状腺は新陳代謝をコントロールします。甲状腺が働かなくなると、体全体の機能が鈍くなり、何キロか太ることがあります。

まれなケースですが、甲状腺の機能不全が脳の授乳反応を混乱させ、プロラクチンが分泌されて両乳房から母乳が出てくることがあります。甲状腺ホルモンやプロラクチンの血中濃度を調べる必要があるでしょう。

▼男性の場合

男性の乳首から乳が出るというのは、まず正常とはいえません。乳首から分泌物があったら、医師に相談し、血液検査や胸部の超音波検査を受けましょう。

▼妊娠はしていないが、子作りに励んでいて、まだ成功していない

子どもを産んだ後の女性は、高いプロラクチン値による短期的な不妊期間を楽しむことができます（自然は女性にペースを整えさせてくれるのです）。ですが、新しくお母さんになったわけではない女性でも、プロラクチン値が異常に高くなり、生理不順、不妊、そして母乳の分泌などが生じることがあります。

前述のように、乳首の刺激や特定の薬がプロラクチン値を上げる原因になることもありますが、プロラクチンを分泌する下垂体に腫瘍ができている可能性もあります。プロラクチン値が理由もなく高い場合は、脳のＭＲＩ（磁気共鳴画像診断装置）検査で確認することになります。

▼よく頭痛がしたり、視野狭窄《きょうさく》が起こったりする

下垂体腫瘍はプロラクチンを分泌し、これが前の項目で説明した症状すべての原因になります。腫瘍が大きいと、頭痛の原因になったり、脳と目をつなぐ神経を圧迫して視野狭窄が生じたりすることがあります。

この腫瘍はほかの器官に広がることはない（悪性腫瘍ではない）ため、薬だけで治療することができます。ただ、大きいままで変化しなければ、除去が必要になります。下垂体は脳の表面下部にあるため、通常は頭蓋《ずがい》を切開せず、鼻孔《びこう》から腫瘍を取ることができます。すごいと思いませんか？

膣からの出血や分泌物

編集／ティモシー・リンツ（コロンビア大学医療センター産婦人科助教）

よかれ悪しかれ、定期的に出血するのが当然と考えられている唯一の器官は子宮です。およそ40年にわたり、時計仕掛けの機械のように、毎月の浄化作業を行うことで、ときには不快感、ときには恐れ、ときには安心さえもたらしてくれます（避妊に失敗したときなどは特に）。

一般的な女性の生理は、4～6週間ごとにやってきて4～7日続くのが普通です。しかし、ときには予定より長引いたり、ダムが決壊したかのように大量の経血が出たりすることがあります。また、予定から大きくはずれた出血や突然の出血、あるいは、明らかに血液ではない分泌物《ぶんぴつ》が出ることもあります。どれも腹立たしいことですし、何が起こっているのか不安になることもあるでしょう。

まずは生殖器《せいしょく》の構造について振り返ってみましょう。膣《ちつ》からの出血の多くは、子宮からきているものです。膣は小さな環状の子宮頸《けい》部を通じて子宮につながっています。子宮内膜は妊娠準備のために毎月分厚くなりますが、卵子がまたしてもデートをすっぽかされると、子宮は内膜を捨ててまた最初からやりなおします。

ときには異常な腫瘍《しゅよう》が生じ、毎月の予定に関係なく出血することもあります。一方、血液ではない分泌物は、しばしば感染症の兆候と見なされます。

不正出血や異常な分泌物があったときは、2〜3日様子を見たほうがいいのでしょうか？ タンポンやナプキンを入れ、通常の生活を続ければいいのでしょうか？ それとも婦人科に駆け込んで、骨盤の精密検査をしてもらったほうがいいのでしょうか？

レベル1 落ち着いて対処すればいいケース

▼少量の白っぽい分泌物が下着につくが、膣の痛みやかゆみ、ヒリヒリした感じはない

生理と生理の間に、膣と子宮頸部では、粘液と死んだ細胞からなる正常な分泌物を生成しています。量は1日当たり小さじ1杯にも満たない程度です。下着は汚れますが、その程度です。膣に痛みやかゆみがなければ、心配することはありません。

▼最近、IUD（子宮内避妊器具）を入れたが、その後出血が増えた

妊娠の確率は下がったかもしれませんが、子宮がこの新しい住人を歓迎しなければ、生理中に不満を訴えることがあります。銅付加型IUDは、しばしば重い生理の原因となります。ホルモン付加型IUD（商品名〈ミレーナ〉）は最初のうち経血を増加させますが、最終的には落ち着きます（まったく止まることもあります）。

▼妊娠している可能性がある

60歳未満で、過去9ヵ月の間にセックスをしている場合、ほかの理由を考えてやり過ごすのはやめ、妊娠検査を受けましょう。正常妊娠でも異常妊娠でも、膣から出血したり、分泌物が生じたりすることがあります。

レベル2 診察を受けたほうがいいケース

▼膣にかゆみやヒリヒリ感があり、濃くて白っぽい分泌物が出る

おそらく「**カンジダ症**」にかかっています。膣に痛みやかゆみ、よくカッテージチーズにたとえられる濃い分泌物が出ます。抗生剤を使用すると、膣内で菌《きん》を阻止していた正常な善玉菌まで死んでしまうことがあります。また、糖尿病のある女性もカンジダ症になるリスクが高いです。分泌物の検査で診断を行います。普通は抗真菌薬を1回服用するだけで回復します。

▼灰色、もしくは緑色っぽい分泌物が膣から出る

「**トリコモナス症**」か「**細菌性膣炎**」と思われます。

トリコモナス症になると、膣のかゆみやヒリヒリ感とともに、嫌な臭いのする分泌物が出ます。こんなことをお伝えするのは気の毒ですが、これは性交渉で感染する疾患《しっかん》です。分泌物の検査で診断します。残念ですが、患者本人も、性交渉の相手も、抗生剤が必要になります（そうでなければ再び感染してしまうことになります）。うまい説明のメールが打てるようお祈りします。男性は感染しても症状が出ないことも多いので、自分はまったく健康だと思っても治療は受けなければなりません。

細菌性膣炎は、全般としてはトリコモナス症ほど不快な疾患ではなく、膣の細菌が正常なバランスを崩したときに起こります。細菌性膣炎にかかる人は非常に多いのですが、大半の女性は無症状です。とはいえ、一部の感染者には、死んだ魚のような臭いのする灰色の分泌物が出ることがあります。この臭いはしばしばセックスの後に悪化するので、相手がタオルで鼻をおおったら、アロマキャンドルでもつけるしかありません。

トリコモナス症とは違い、細菌性膣炎は膣の痛みやかゆみは出ません。よく晴れた午後の魚釣りの埠頭《ふとう》のような臭いが下着からしたら、医師に分泌物を検査してもらいましょう。抗生剤で治療します（性交渉のパートナーに治療は必要ありません）。治療がうまくいかないことも多く、症状が再発する可能性もあるので、1回の抗生剤投与では終わらないかもしれません。

▼生理が重く、痛みがひどい

子宮壁に「**子宮筋腫**」と呼ばれる異常な腫瘍ができているかもしれません。子宮筋腫はよくある疾患で、特に黒人女性に多く見られます。悪性腫瘍ではないので子宮以外には広がらず、普段は問題を起こすことはありません。ただし、筋腫のせいで生理が重かったり、鈍い骨盤痛が起こったりするケースがあります。また、筋腫が大きくなり、膀胱《ぼうこう》や腸など近くの器官を圧迫することもあります（膀胱なら頻尿《ひんにょう》、腸なら便秘の原因になります）。子宮内の筋腫は不妊や流産の原因になることもあります。

子宮筋腫は超音波検査で診断できます。出血量の問題であれば、避妊ピルなどの薬が助けになります。筋腫が原因で起こる症状が薬で改善しない場合は、筋腫を小さくする、除去するといった処置が必要になります。子宮筋腫に血液を送る動脈に化学物質を注入することで、筋腫を小さくできます。また、子宮を一部または全部摘出しなければならない場合もあります。筋腫の大きさや、患者がこれから妊娠する計画があるかどうかで、治療の計画も変わってきます。

▼帝王切開を行って以来、生理が長引くようになった

子宮を切開し、喜びの源となる小さな存在を退去させるのが、帝王切開という処置です。ただし、切開の痕《あと》として、子宮の内側に細長い切り込みのような箇所が残ることがあります。生理がくると血液がそこに集まるため、2～3日余計に血がしみ出てきてしまうのです。わずらわしい

ですが、危険はないですし、超音波検査で確認することができます。まだ子どもを作るつもりであれば、その切り込みを閉じる処置を医師にすすめられるかもしれません。

▼性交後に出血する

性交渉の相手が、まるで特殊部隊がドアを破るような勢いで女性器を扱ったりすれば、軽い出血や痛みが起こることは当然あります。しかし、セックスのたびに出血するのであれば、感染症か、場合によっては腫瘍があることも考えられます。異常細胞は脆弱《ぜいじゃく》で、接触（それが優しくなめらかなものであろうと）がくり返されると出血しやすいものです。また、閉経後に膣の乾燥に悩まされている場合も、過剰な摩擦《まさつ》で性交後の出血が起こることがあります（209ページの「ちょっと診察」参照）。婦人科で精密検査を受けましょう。

▼生理と生理の間もよく出血がある

生理と生理の間の出血は、まったく無害なケースも多いです。子宮内の血液が一気に排出されない女性もいます。ただし、異常腫瘍が月経周期に関係なく出血している可能性もないとはいえません。婦人科で精密検査を受け、危険がないか確認すべきです。

▼閉経したはずなのに出血が起こった

定期的に生理がある状態から、即座に閉経に移行することはめったにありません。通常は、生理が2～3ヵ月ごとにしかこなくなったり、不定期になったりして、最終的には止まります。とはいえ、閉経して何年もたってからの膣出血は少し心配です。膣の乾燥や痛みなどがあるなら、自然の潤滑《じゅんかつ》剤不足や過剰摩擦からの出血かもしれません。「**萎縮《いしゅく》性膣炎**」と呼ばれるこの疾患は、年配の女性に多く、治療も可能です（次ページの「ちょっと診察」参照）。膣の乾燥や痛みがなければ、腫瘍やその他の異常による出血かもしれません。婦人科で精密検査を受けてください。

▼いつも生理が重いが、子宮に悪いところはない

多い日用のタンポンやナプキンをすぐに使いきってしまうほどなのに、婦人科の診察を受けても原因がわからない場合、「**血液凝固異常**」の可能性があります。抜歯や手術の後で血が止まらなかった経験がある場合、その見込みは高まります。血液凝固異常の検査は、簡単な血液検査で行うことができます。

▼膣からの分泌物と、強い骨盤痛がある

「**骨盤内炎症疾患**」と呼ばれる、生殖器官（子宮頸部、子宮、卵管）の感染症かもしれません。分泌物や、ときには出血を伴うことがあります。ほかに考えられる原因としては、子宮頸部や卵

管（子宮内ではなく）に受精卵が着床して起こる「**子宮外妊娠**」があります。卵子が育つための空間がすぐに不足するため、痛みや出血が起こります。その日のうちに婦人科の診察を受けるべきですが、それができない、または痛みが耐えがたいときは、救急外来に向かってください。

レベル3　救急外来を受診すべきケース

▼ひどい出血があり、特に立っていると頭が朦朧《もうろう》としてくる

この場合、出血の原因は問題ではありません。失血のせいで危険な状態ですし、血圧も下がっているはずです。すぐにタンポンやナプキンが血まみれになり、頭が朦朧としてきたら、救急外来に行ってください。輸血と、ことによっては止血処置が必要かもしれません。

ちょっと診察　膣の乾燥、性交痛

膣の乾燥（もしくは萎縮性膣炎）は、エストロゲン値の低下によって起こるわずらわしい疾患です。女性の半数近くが、閉経後に膣の乾燥を経験します。授乳、卵巣摘出、薬剤投与（子宮内膜症の治療薬［リュープロレリン］、生理不順の治療薬［メドロキシプロゲステロン］、一部の経口避妊薬、ジフェンヒドラミンなどの抗ヒスタミン薬など）によっても起こります。

膣の乾燥の主な症状としては、性交中の痛み（性交疼痛《とうつう》）、性交後の出血（過剰な摩擦によるもの）、膣のかゆみやヒリヒリ感などがあります。保護となる粘液や分泌物が減ることで、膣も細菌を効果的に追い出せなくなるため、近くにある尿路から感染する確率も高まります。

膣の乾燥の効果的な治療法はたくさんありますし、年を取ったら当然のことだとあきらめないでください。セックスの直前に塗る潤滑剤や、より持続的な助けになる膣潤滑モイスチャライザーなど、優れた市販商品がたくさんあります。エストロゲン不足が根本的な問題であれば、医師がエストロゲン含有の膣治療薬を処方してくれるかもしれません。クリーム、膣坐薬《ざやく》、膣リングなどが一般的です。エストロゲンのピルやパッチを好む女性もいますが、全身のエストロゲン値が上昇するので、乳がんや血栓《けっせん》の病歴がある人にはおすすめしません。

膣の乾燥以外にも、性交痛の原因はたくさんあります。感染症、解剖《かいぼう》学的異常、子宮内膜症（153ページ参照）、神経疾患、過去の傷（手術痕《こん》など）、不安、うつ、そして性的虐待《ぎゃくたい》の経験なども性交痛の原因になります。症状のことで悩んだり、自分だけでどうにかしようとしたりせず、婦人科医に相談して精密検査をしてもらうといいと思います。

第5章

男性の器官

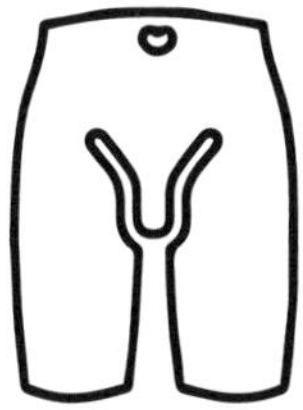

精液中の血液

編集／マーク・アイゼンバーグ（コロンビア大学医療センター准教授）、クリストファー・ケリー（コロンビア大学付属NYプレスビテリアン病院循環器内科医）

自分の精液をじっとながめなければならなくなる事態は、そうあるものではありません。それでも見つけてしまったのは事実だし、不穏な気持ちは消せません。これは……血⁉　最期が近いってこと？　身辺整理をするときが来た？　睾丸《こうがん》1個くらいは失うことになるんだろうか？　落ち着いて！　死ぬまで出血することはまずないですし、きっと睾丸を失うことにもなりません（たぶん）。

精液は、前立腺《せん》や、睾丸とペニスをつなぐ管に沿ったほかの分泌《ぶんぴつ》腺から生じる液体と精子が混ざったものです。精液に血が混じる、いわゆる「血精液症」は、見た目はぞっとするかもしれませんが、心配無用なケースもしばしばです。単に前立腺やペニス内の毛細血管が破れただけで、自然に治ってしまう場合もあります。とはいえ、潜在する感染症、ひょっとするとがんの兆候である可能性も否定はできません。

さて、この症状は放置すべきでしょうか？　もちろんしてはいけません（まさか放置するとも思えませんが）。では、今すぐパンツをはいて病院に駆け込むべきなのでしょうか？

レベル1 落ち着いて対処すればいいケース

▼1〜2回精液に血が混じっただけで、その後はなくなった

おそらく周辺の毛細血管が破れ、その後出血が止まったケースです。害はありませんし、問題も起こりません。安心していつもどおり楽しんでください。

▼1日に何度も射精している

要するに、1日何度も「爆発」していると、精管がもろくなって出血することがあるということです。少し自制して、違う趣味を見つけたほうがいいというサインでしょう。

▼最近、精管を切除した

精管切除という苦難を乗り越えたのに、今度は精液に混じった血を見つけるという恐怖を味わったわけですね。ため息をついてひじ掛けイスに座り込み、世界に向けてこう問いかけているところでしょうか。「こんな最悪なことってあるか？」。大丈夫、落ち着いて。

精管切除後の1週間くらいは、精液に血が混じるのはめずらしくありません。泌尿器《ひにょう》科の主治

医には知らせたほうがいいですが、パニックになることではありません。ただ、排尿時に痛みやヒリヒリした感じがあれば、感染症の可能性もあるので、すぐ診察を受けてください。高熱が出たり頭が朦朧《もうろう》としたりするときは、重度の感染症かもしれないため、救急外来に向かってください。

▼少し前に前立腺の生検を受けた

精液の大半は前立腺で作られます。つまり、前立腺に生体検査（生検）の針を刺して組織の小片を採取すれば、本来ないところに血液が入り込んでも、そんなに驚くことではないのです。泌尿器科の主治医に報告だけはしておきましょう。

▼前立腺がんがあることがわかっている

前立腺がんの患者、とりわけ処置や治療を最近受けた人の場合、精液に血が混じっても驚くことはありません。念のため主治医には報告しておきましょう。

レベル2 診察を受けたほうがいいケース

▼排尿時にヒリヒリする、ペニスからの分泌物がある、陰嚢《いんのう》に痛みがある

感染症の可能性があります。感染症が起こっている場所により、「**尿道炎**」（尿道と呼ばれるペニス内部の管の感染症）、「**前立腺炎**」（前立腺の感染症）、「**精巣上体炎**」（睾丸の上部、精液を溜めておく場所に起こる感染症）などに分かれます。治療には鎮痛薬か抗生剤、あるいは両方が必要になります。

治療してもよくならず、スキャン検査でも問題が判明しない場合は、「**慢性非細菌《さいきん》性前立腺炎**」（または慢性骨盤痛症候群）というまれな疾患《しっかん》の可能性があります。排尿時の痛み、頻尿《ひんにょう》、射精時の痛み、勃起《ぼっき》困難などの症状が見られます。原因や治療法がわかっていない疾患ですが、抗炎症薬やα遮断薬《アルファしゃだんやく》などの処方で治療することになるでしょう。

▼抗凝固薬を服用している

ワルファリン、アピキサバン（商品名〈エリキュース〉）、リバーロキサバン（商品名〈イグザレルト〉）、ダビガトランなどの抗凝固薬、およびアスピリンは、精液への出血を引き起こすことがあります。毛細血管が破れ、正常時よりも出血が止まるのが遅れているというだけかもしれません。また、抗凝固薬の投与で、まだ見つかっていない腫瘍《しゅよう》が出血することがあります（薬のおかげで早期診断により命が助かるかもしれません）。

▼40歳以上で、ここまでの説明に当てはまるものがない

当てはまるものがない？　申し訳ありません。でも、診察は受けるべきです。ほかに考えられる可能性としては、感染症、前立腺の結石、がん、血管異常などがあります。医師が直腸内部の触診を行って前立腺に腫瘍がないか調べたり（リラックスしていればそうつらいものではありません）、感染症の尿検査をしたり、「前立腺特異抗原」と呼ばれる化学物質の値を調べることになるでしょう。それでも原因がわからなければ、前立腺と睾丸の画像検査が必要になります。

レベル3　救急外来を受診すべきケース

▼骨盤や陰嚢が激しく痛み、発熱、寒け、朦朧感がある

前立腺か睾丸の重度の感染症かもしれません。2～3時間のうちに診察を受けられそうもなければ、救急外来に向かってください。詳しい検査と抗生剤の投与が緊急に必要かもしれません。

睾丸のしこり

編集／マーク・アイゼンバーグ（コロンビア大学医療センター准教授）、クリストファー・ケリー（コロンビア大学付属NYプレスビテリアン病院循環器内科医）

睾丸《こうがん》は、精子や、テストステロンと呼ばれる重要な男性ホルモンを生成します。人生における多くの奇妙な物事に対して誰もがそうであるように、睾丸の奇妙さも、誰もが疑問も持たずに受け入れています。どうして睾丸は、それぞれの小袋に入って体外についているのか？　危険なのでは？　なぜ女性の場合、卵子の袋が股間《こかん》にぶら下がっていないのか？　こういう質問をすると、どうしてみんな沈黙してしまうのか？

一番理にかなった説明は、「睾丸は体のほかの部分よりも涼しい場所にあるのが好ましい」というものです。陰嚢《いんのう》の皮膚は非常に薄く、血管もその表面近くを通っています。このため、周囲の空気へと熱を逃がしやすくなっているのです。ただ、いっておきますが、睾丸は凍えたがっているわけではないです。スノーブーツとバスローブで外を歩いたりしたら、睾丸は体のどこかに磁石のようにしがみついて、多少でも熱を取り戻そうとするでしょう。

オープンな場所にぶら下がっているせいで、睾丸の表面に異常が出ればすぐわかります。月に1回は睾丸を調べたほうがいいとすすめる医師もいます。それはやりすぎかもしれませんが、それでも年に4～5回は自分で触診してみるべきです。温かいシャワーを浴びた直後、タマがリラックスしてぶらぶらしているときに調べてみるといいでしょう。体とつながっている部分以外、睾丸の表面はなめらかなはずです。

睾丸の一つにしこりがあり、もう一方にはない場合、それはがんだということになるのでしょうか？　その場合、人工の睾丸が必要になるのでしょうか？

レベル2 診察を受けたほうがいいケース

▼睾丸の上にミミズ腫《ば》れのような筋《すじ》がある

このでこぼこした管は、睾丸から血液を送り出す血管が肥大したものです。睾丸は、胎児《たいじ》でいるときは腹部の内側におさまっていて、後から陰嚢におりてきます。この妙な発達過程のせいで、睾丸の血管も、長く曲がりくねりながら体内へと続いています。

そのため、この血管は骨盤内で圧迫されやすく、陰嚢内で充血や膨張を起こしがちです。血管が肥大すると、痛みが生じたり、睾丸が温まりすぎて精子ができにくくなったりします。肥大した血管が問題を起こすようになったら、手術で修復する場合もあります。

▼睾丸の上部にやわらかいしこりがある

睾丸の上部には、精巣上体と呼ばれる器官があります。精巣上体は、睾丸で生成された精子をたくわえ、射精に備える場所です。ときどきこの精巣上体の一部が、理由もなく肥大することがあります。危険はなく、治療の必要もめったにありません。ただ、睾丸の上部の形状をきちんと認識できる人は多くなく、精巣がんが再発するときも同じ場所にできることがあるため、診断には陰嚢の超音波検査が必要になります。

▼セキをすると睾丸のしこりや膨張が大きくなる

「ズボンを脱ぎ、横を向いてセキをしてみてください」といわれたことがありますか？　腸が腹部から陰嚢に入り込んでしまう疾患《しっかん》、鼠径《そけい》ヘルニア（脱腸）の簡易検査でこうしたことが行われます。セキをすると、横隔膜が腸を押すため、鼠径ヘルニアを起こしている腸がさらに陰嚢に入り込みます。膨張やしこりが大きくなるのはそのせいです。

鼠径ヘルニアがよく痛む、あるいは一時的に指で陰嚢から押し出すことができない場合は、外科医に処置してもらいましょう。膨張部が本当に痛むときは、ねじれてしまって十分な血液を受けられていない可能性があります。この場合は救急外来に向かってください。

▼睾丸に硬いしこりがある

超音波でがんの検査をする必要があります。放置したり、自然に消えることを願ったりしないでください。精巣がんは、早期に発見できれば十分に治療可能ですが、発見が遅れると致命的なことになります。診断の平均年齢は30代前半なので、「若くてほかは健康だから大丈夫」とは思わないようにしてください。

ちょっと診察　睾丸の痛み

少年たちの多くは、小学校の体育の授業で、睾丸が繊細かつ鋭敏な器官だということを学びます。股間に打撃を受けると、数分は何もできなくなります。それも当然です。ぶら下がっている小さなものたちは、とても大事な器官なので正しく扱うべきだということを、自然が人間に教えたがっているのです。

ところで、睾丸そのものが痛みだしたときはどうしたらいいでしょう？　身を丸めて痛みがおさまるのを待つ？　それとも、いっそ痛みで気絶してしまうことを祈る？

実のところ、突然の睾丸の痛みは、緊急事態の警告である可能性があります。陰嚢内の睾丸が、ときどき血管の周囲でねじれる場合があります。こうした血管がすぐにほどけないと、血液を睾丸に送れなくなります。睾丸は苦しくて悲鳴を上げ、最終的には死に至ります。痛みが始まったら、そこからは時間との闘いです。すぐに修復できなければ、手術で除去しなければなりません。かつて偉い人もいっていたように、「時は金なり」です。

一方、痛みと腫《は》れが徐々に進む場合は、睾丸の上部で精子をたくわえている器官、精巣上体の感染症かもしれません。これは「**精巣上体炎**」と呼ばれ、通常は性器クラミジア感染症や淋病《りんびょう》などの性感染症から生じます（2回目のデートの前までには片づけたいものです）。高齢の男性、またはアナルセックスで上にいる側の男性の場合、尿路感染症を引き起こすのと同じ細菌《さいきん》（大腸菌など）が原因になっているかもしれません。いずれの場合も抗生剤で治療します。

勃起不全

編集／マーク・アイゼンバーグ（コロンビア大学医療センター准教授）、
クリストファー・ケリー（コロンビア大学付属ＮＹプレスビテリアン病院循環器内科医）

古代ギリシアの哲学者、プラトンは「ペニスと女たらしは似ている」と述べています。日中は身を隠し、夜は熱心に遊びたがり、見知らぬ人間には用心しつつ、必死に人の注目を集めようとします。主人の指示に従って行動しているようでいて、実際には自分のしたいことしかしません（うそです。この引用はでっち上げです）。

「勃起《ぼっき》不全」とは、挿入するための勃起もしくは勃起状態の維持ができないことをいいます。これに関連する問題として、性欲の減退、目論見《もくろみ》どおりにいかない射精（早漏《そうろう》や射精不能）などがあります。たくさんの男性やそのパートナーが、恥辱《ちじょく》、不安、憂鬱《ゆううつ》を感じる原因にもなります。

１９９８年にバイアグラなどの薬が紹介されたことは、数多くの男性が解決策を得られたばかりではなく、勃起不全問題について新たな対話が始まった（そして元米大統領候補がＣＭで自分の勃起問題について語った）という意味でも画期的でした。こうした問題に対するこれまでの沈黙は、突然ユーモアに置き換えられ、勃起不全（改めて「ＥＤ」と名づけられた事象）を抱えた人々は、自分以外にも仲間がいることに気づいたのでした。

もちろん、いまだに勃起の問題に取り憑《つ》かれている男性はたくさんいます。単にペニスの強靭《きょうじん》さで自分の男らしさや自尊心を判定している男性が多いからというばかりではなく、自分の勃起不全は深刻な問題の兆候ではないかと恐怖を感じている男性もいます（それは正当な恐れです）。

では、どう対処すべきでしょうか？　テレビでやっているように、パートナーと二人で並んでバスタブに入る？　それとも、もっと簡単な、精力回復のための解決策はあるのでしょうか？

レベル1　落ち着いて対処すればいいケース

▼勃起はするが、思うような場面ではしてくれない

友人関係を経て、何度かデートもして、ディナーの後は自分の部屋で一緒に飲む、というところまでこぎつけたとします。服を脱ぎ、胸を高鳴らせ、デザイナーズ・ブランドの新しいブリーフを脱ぎ捨てると……股間《こかん》には、おびえたイモムシがぶらさがっているだけ。いや待ってくれ、今朝目覚めたときは、旗は上がってたぞ！　どうやらあなたは、勃起不全の最もよくある原因の一つ、「**あがり症**」を抱えているようです。これは誰にでもあることです。この場合、1回の失敗が、次のデートの間も不安をかきたて、さらに別の失敗につながり……という、恐れの悪循環にはまってしまう危険があります。落ち着きを取り戻し、悪循環を断ちきらなければいけません。マスターベーションをして、自分の生殖器《せいしょく》が機能していることを確認しましょう。さらに、ハー

ドル低めの前戯《ぜんぎ》から、通常の性交渉に再度挑戦してみましょう。こうした問題に直面した人々はみなそうですが、あなたもきっといずれ普通の状態に戻れるはずです。

▼ヘビースモーカーである

20～30代の男性の場合、喫煙が勃起不全につながることがあります。ニコチンがペニス（体のほかの部分ももちろんですが）の中の血管にダメージを与え、勃起しにくくなるのです。タバコを見たら、ペニスのことを考えましょう。最初は硬くて長く見えても、火をつければ縮んでしおれてしまうものです。幸い、今タバコをやめれば、ペニスは正常に戻るはずです。

▼次のツール・ド・フランスを目指してトレーニングに励んでいる

サイクリングは心臓にはいいですが、会陰《えいん》部（ペニスと肛門《こうもん》の間の小さな空間）の神経に圧力を与えるため、これが麻痺《まひ》や勃起不全につながることがあります。毎日硬い樹脂のサドルに2～3時間乗っているようなら、それが原因かもしれません。もっとやわらかいサドル、もしくは幅広のサドルを試してみてください。

まさかとは思いますが、アナボリック・ステロイド（筋肉増強剤）を使ったりはしていませんよね？（これも勃起不全の原因になります）サドルを替えて2～3週間たっても症状が改善しなければ、病院に行ってみてください（できれば自転車ではなく車で）。

▼新時代のヒュー・ヘフナー（『プレイボーイ』誌の創刊者）になろうとした（が失敗した）

ロマンスグレーの種馬みたいになりたかった？　年を取ってくると、性欲の低下や勃起不全が起こるのはめずらしいことではありません。40歳くらいまでに、およそ40％の男性が勃起になんらかの問題を経験します。50歳を超えてもなお20歳のようなパフォーマンスをひと晩中続けたいと思っているのなら、少しハードルを下げるべきかもしれません。

とはいえ、パフォーマンスや性欲が急に変化したり、性的な機能不全のせいで生活に支障が出たりした場合は、次の「診察を受けたほうがいいケース」も読むようにしてください。

レベル2　診察を受けたほうがいいケース

▼しばらく病院には行っていない

高血圧、高脂血症、糖尿病の最初の兆候として、勃起に問題が生じるケースがあります。また、心疾患《しっかん》の警告として勃起不全が起こることもあります。心臓につながっている動脈の閉塞《へいそく》と同じ過程で、ペニスにつながっている動脈も閉塞することがあり、そうなるとペニスは十分な血液を受け取れません。精密検査が必要になるかもしれないので、内科医にも勃起の問題は伝えるようにしてください。必要であれば、シルデナフィル（商品名〈バイアグラ〉など）、バルデナフィル〈商品名〈レビトラ〉〉、タダラフィル〈商品名〈シアリス〉など〉などの薬が、動脈をもとに戻す助けとなります。もし気分が落ち込んだり、エネルギー不足を感じたりする場合は、テストステロン値が低い可能性があります。血液検査で値を調べ、必要ならテストステロン補充療法を行うことになります。

▼腹まわりに贅肉《ぜいにく》がある

腹部に余分な脂肪が増えるとエストロゲン値が高くなり、これが勃起不全につながりやすくなります。体重を減らし運動をすれば、勃起や性欲も改善するかもしれません（それでスリムになれば、バーでも自信を持ってふるまえます）。ただし主治医は、ペニスに血液を送る動脈にダメージを与えそうな、肥満関連のほかの疾患も検査したがると思います。高血圧、高脂血症、糖尿病などです。

▼薬の副作用かもしれない

性欲や勃起の機能を阻害する薬はたくさんあります。うつ病の治療に使われる選択的セロトニン再取り込み阻害薬（ＳＳＲＩ）（セルトラリン、フルオキセチン、パロキセチン［商品名〈パキシル〉など］、シタロプラム、エスシタロプラム［商品名〈レクサプロ〉］など）が代表的です。また、血圧の薬も勃起に問題を起こすことがあり、特にβ遮断薬《ベータしやだん》（アテノロールやメトプロロールなどの「～ロール」とつく薬）で起こりやすいです。くり返しになりますが、自分の判断で薬をやめたりせず、必ず主治医と相談してください（いい機会なのでついでにお伝えしますが、ニコチンやアルコールも、あなたのあそこのじゃまをしがちな物質です）。

▼ペニスが突然弯曲《わんきょく》することがある

勃起したペニスの異常弯曲は「**ペロニー病**」とも呼ばれ、およそ20人に1人の割合で発症します。くり返しペニスについた小さな外傷から生じると見られる、瘢痕《はんこん》によって起こる疾患です（SMプレーでついた外傷ということではありません。誤った方向に挿入を試みるだけでもつくことはありますす）。勃起中のペニスの弯曲が痛みを引き起こし、性交できなくなることもあります。泌尿器科《ひにょう》の診察を受け、瘢痕組織を除去するための注射をしてもらってもいいでしょう（言葉で聞くほど恐ろしい処置ではないのでご心配なく）。

▼排尿・排便時や射精時に、ぴりぴりとした痛みがある。ひんぱんに排尿したくなり、尿流を維持するのが難しい

前立腺《せん》や、膀胱《ぼうこう》とペニスをつなぐ管の炎症が引き起こす「**慢性非細菌《さいきん》性前立腺炎（慢性骨盤痛症候群）**」かもしれません。抗炎症薬やα《アルファ》遮断薬の処方で症状は改善すると思います。効果がはっきりしない場合は、抗生剤の処方も必要かもしれません。

レベル3 救急外来を受診すべきケース

▼鎌状赤血球症の患者で、勃起が長く続いている(刺激しないで2時間以上)

後遺症が残る前に、救急外来に向かう必要があります。長時間の勃起のことを、医療用語では「**プリアピズム(持続勃起症)**」と呼びますが、これはギリシアの豊穣《ほうじょう》の神プリアポスに由来する名称で、この神様はつねに勃起していたそうです。鎌状赤血球症患者の赤血球は、異常に弯曲した形状のため、ペニスの血管を詰《つ》まらせ、正常な排出ができなくなりやすいのです。

▼勃起不全の薬を服用し、勃起が長く続いている

勃起不全の錠剤は持続勃起症の原因になりやすいので、後遺症が残る前に救急外来に向かってください。ほかに勃起を長引かせることがある薬としては、クロルプロマジンやトラゾドンなどがあります(それぞれ精神病とうつ病の治療に使う薬です)。

ちょっと診察　早漏

早漏もよく知られる問題で、悲嘆と恥ずかしさをもたらします。もちろん、服を脱ぐ前からあなたのロケットが発射してしまったら、パートナーに満足できる性体験を味わってもらうのは難しくなります。

幸い、次のいくつかの単純なヒントに従えば、多くの男性が、射精までの時間を長く保てるようになります。第1に、もっと前戯に熱中しましょう。そうすれば、パートナーをクライマックスに導きやすくなるだけでなく、ハードルを下げた刺激があなたの気持ちをくつろがせるので、あなたの小さなお友だちも少し鈍くなってくれます。第2に、性行為の2～3時間前にマスターベーションをして、あなたのタンクを満タンじゃない状態にしましょう。それでも早く終わってしまうなら、厚めのコンドームを使ってみましょう（見えないほど薄いタイプ、生感覚タイプはさけましょう）。

すべてうまくいかなければ、選択的セロトニン再取り込み阻害薬（ＳＳＲＩ）の使用を医師に相談してみましょう。通常はうつ病の治療に使う薬ですが、副作用で射精を遅らせることができます。これぞあなたの望む副作用かもしれません。

第6章 トイレでのトラブル

血尿

編集／マーク・アイゼンバーグ（コロンビア大学医療センター准教授）、クリストファー・ケリー（コロンビア大学付属NYプレスビテリアン病院循環器内科医）

医学部では、「健康な尿は、新聞の文字を透かして読めるくらい透明なものである」と教わります。だからといって新聞紙に尿をかけろというのではなく（昨今のニュースを読むとそうしたくもなりますが）、尿は検尿容器の中で透明に見えたほうがいいということです。暗い黄色なら脱水ぎみかもしれません。尿が透きとおるまでよく水を飲み、誤って便器に落としたスマホの文字が読めるくらいを目指しましょう。

でも、ピンク、オレンジ、赤、茶色の尿が出たら？　これは血？　ひょっとして焦るべき事態？

血尿とは「血が混じった尿」のことです。幸い、変色した尿の大半は、血が混じっているのではなく、食物や薬の副産物が混じって血の色に見えるだけです。尿検査で本当に血液が混じっているという結果が出た場合でも、原因はいくつも考えられるので、それを突き止める段階へと進みます。腎臓《じんぞう》、膀胱《ぼうこう》、そして（男性の場合は）前立腺《せん》の疾患《しっかん》が、原因としては最も一般的です。

さて、血尿の問題にはどう対処すべきでしょう？　ひたすら水を飲み、おしっこがきれいになるのを祈るべき？　それとも、尿のサンプルを水筒に満タンに入れ、それを持って救急外来に駆け込むべきでしょうか？

レベル1 落ち着いて対処すればいいケース

▼ビーツのサラダやボルシチを食べたばかり

夕食でかなりの量のビーツを食べ、おいしかったと満足するよりも早く、尿に混じった血の色に気づいたとします。まな板を見れば、何が起こっているかの想像はつくのではないでしょうか。ビーツの色素は、触れるものすべてに色をつけます。ビーツは何世紀にもわたって染料としても使われてきましたし（赤紫はつねに流行の色のようです）、現在でも食品の色づけに使われています。ビーツを食べると、色素が血液に吸収され、尿が色づくことがあります。腸で吸収されない色素は便に混じり、暗い赤色になって排出されます。

興味深いことに、鉄分不足の貧血症の人ほど、血液がビーツの色素を吸収しやすいとされています。息切れを感じ、なおかつ尿がビーツの色素でいつもより赤く見えるときは、貧血の検査を受けてみてください。

▼生理中

経血が尿に混じるくらいのことは、たいていつねに起こっています。ときには1～2滴便器に落ちて尿を染めたり、尿道の出口についた血が尿に混ざったりすることもあります。まれなケースですが、子宮内膜症（153ページ参照）が膀胱内にできると、生理期間中に血尿が出ます。

▼尿の感染症の治療で、フェナゾピリジンを投与している

膀胱の感染症のチクチクした痛みを和らげる薬ですが、副作用として、尿をオレンジや赤に染めてしまうことがあります。2～3回下着が汚れることはあるかもしれませんが（その週は黒の下着に替えましょう）、出血ではありません。

▼リファンピシンを投与している

ＭＲＳＡ（メチシリン耐性黄色ブドウ球菌《きん》）感染症や結核などの重度の感染症治療に使われるこの薬には、体すべての分泌物《ぶんぴつ》をオレンジ色に染めるという奇妙な副作用があります。そう、オレンジのおしっこや、オレンジの唾《つば》や、オレンジの涙が出て、オレンジの汗までかくことになります。「悪魔に取り憑《つ》かれたんだ」と友だちに話してみてください（驚かれないかもしれませんが）。

▼マラソンしたばかり

長距離のランニングや水泳など、きつい有酸素運動をした後は、およそ4人中1人に血尿が出ます。原因はわかっていませんが、長期的な腎疾患と関連はないようです。ただし、きつい運動をした後で血尿が出て、筋肉もひどく痛むときは、「**横紋《おうもん》筋融解症**」と呼ばれる疾患の可能性があります。損傷を受けた筋肉線維が化学物質を解放し、それが尿を茶色に染め、腎不全を引き起こすこともあります。この疾患は深刻なので、すぐ救急外来に向かってください。

レベル2 診察を受けたほうがいいケース

▼最近のどが痛かった

のどの痛みからくる、まれな合併症の一つに、腎臓に対する自己免疫《めんえき》の攻撃があります。腎臓としては「なんでこっちが巻き込まれるんだ⁉」という話です。のどが痛くなった後の何日ないし何週間か後になって、腎臓に問題が起こることがあるのです。最も深刻なケースになると、顔や足のむくみ、高血圧、そして腎不全を伴うこともあります。幸い、この合併症は本当にまれなものです。たいていは、ビーツを食べたのに忘れているというだけで済むと思います。

▼ミシュランタイヤのキャラクターみたいな体形になっている

赤い尿と、体、特に顔と足のむくみが見られる場合、腎臓にダメージがあることが考えられます。腎臓が健康でない場合、水分をすばやく排出することができず、皮下に残されてしまいます。尿に血液が混じるのも、腎臓の働きが悪くなっているせいかもしれません。すぐに検査し、原因を突き止めて治療を受けましょう。

▼鎮痛薬を大量に投与している

非ステロイド性抗炎症薬（ＮＳＡＩＤｓ）（イブプロフェン、ナプロキセン、アスピリンなど）と呼ばれる鎮痛薬を長期にわたって大量投与している場合、腎臓に深刻なダメージが起こっている可能性があります。最初の兆候として血尿が出ることもあります。何かしら慢性的な痛みに悩まされているのであれば、医師に相談し、安全で効果的な長期治療計画を考えたほうがいいでしょう。

▼抗凝固薬を投与している

心疾患がある、もしくは血栓《けっせん》の病歴がある場合、ワルファリン、アピキサバン（商品名〈エリキュース〉）、リバーロキサバン（商品名〈イグザレルト〉）、ダビガトラン（もしくは、チカグレロル［商品名〈ブリリンタ〉］、プラスグレル［商品名〈エフィエント〉］、クロピドグレル［商品名〈プラビックス〉など」などの関連薬）を投与しているかもしれません。こうした薬は、どうしても出血のリスクを高めることになります……体内の至るところで。ささいな問題、たとえば膀胱の血管がちょっと破れて出血するようなことが、抗凝固薬を使うことで起こる場合があります。

一方、腫瘍《しゅよう》など、すぐに処置が必要な箇所から出血することもあります（この場合、腫瘍の早期発見ができたのは抗凝固薬のおかげといえるかもしれません）。どこから出血しているかを突き止めるには、精密検査を受ける必要があります。

▼男性で、尿がしたたるようにしか出てこない

「**前立腺肥大症**」の可能性があります。尿道（膀胱から尿を排出する管）は、体からペニスに入っていく直前あたりで、前立腺に包まれています。前立腺が肥大すると、尿道が狭窄《きょうさく》し、尿が出にくくなります。前立腺肥大症により尿管内に出血が生じ、血尿が出ることもあります。膀胱や前立腺の腫瘍もないとはいえないので、その確認に検査が必要です。

▼50歳を超えている

血尿の原因がまったく無害なものだという可能性もありますが、年齢とともにがんのリスクが上がることには注意してください（現在喫煙しているか過去に喫煙していた人の場合、膀胱がん

のリスクは特に高くなります）。膀胱鏡などの精密検査が必要です。小さなカメラを膀胱に挿入し、腫瘍がないか調べます。

▼狼瘡《ろうそう》である

若い女性がかかりやすい「**狼瘡（全身性エリテマトーデス）**」と呼ばれる自己免疫疾患がある場合、その合併症の中でも、腎疾患は最も危険なものの一つです。あなたが狼瘡患者で血尿が見られたら、すぐに主治医に連絡してください。

▼鎌状赤血球症である

「**鎌状赤血球症**」は、ある一定の状況下で、赤血球が球形ではなく鎌形になってしまう疾患です（死に神が持っている鎌のような形をしています。それだけでも不吉ですね）。お察しのとおり、鎌形の赤血球は、球形の赤血球のように、スムーズに血管を流れることができません。その結果、血管が詰《つ》まり、ひどい痛みが生じることがあります。

この合併症の一つとして、腎臓が重度のダメージを受け、その断片が尿に入り込み、見た目もあざやかな血尿が出ることがあります。この合併症をさけるには、水分をよくとることです。あなたが鎌形赤血球症の患者で血尿が出た場合は、すぐ主治医に連絡してください。その日のうちに診察を受けられない場合は、救急外来に向かってください。

レベル3 救急外来を受診すべきケース

▼骨盤下部や背中にひどい痛みが襲ってくる

腎結石が移動しているところかもしれません。腎臓内にできた小さな結石が、膀胱へとつながる管に詰まっているのです。石が管を通り抜けようとする間、人生観が変わるようなひどい痛みが襲ってきます。石が少しずつ下りてくるにつれ、血管が何本か切れることもしばしばです。結石がようやく膀胱にたどりつくと、痛みや出血もおさまります（膀胱から外へ排尿するための管である尿道は十分な広さがあり、小さな結石なら痛みが起こることはありません）。

緊急検査を受けるため、救急外来へ向かってください。CT（コンピュータ断層撮影）スキャンか超音波検査で診断を行います。鎮痛薬や、結石を押し流す尿を増やすための点滴などで治療します。結石が本当に詰まってしまい、痛みが少しも消えない場合、レーザーや超音波により結石を砕いて小さな破片にします。

▼自動車事故などで外傷を負ったばかり

たいしたことがなくてよかったと思いながら事故現場を離れたのに、トイレに行ったら血尿が出たという場合、腎臓か膀胱を損傷しているかもしれないので、緊急検査を受けてください。腕や足がひどく押し潰されたときも、横紋筋融解症によって化学物質が血液に解放され、変色した尿が出ることがあります。

▼発熱や寒けがあり、頭が朦朧《もうろう》とする

腎臓か膀胱に重度の感染症が起こっているかもしれません。救急外来に行き、点滴と抗生剤で治療を受けてください。

ちょっと診察　悪臭のする尿

いい匂いのする尿などそうあるものではないですが、ときどきとんでもない悪臭がする尿もあります。便器からの臭いで吐きけをもよおすようなら、何か問題が起こっているかもしれません。

まず、アスパラガスを食べたばかりかどうか、よく思い返してみてください。ほんの少量でもかなり臭うことがあります。ベンジャミン・フランクリンがこのことに気づいたのは1700年代のことで、「アスパラガスを2～3本食べただけで、承服しかねるほどひどい臭いが尿からする」と述べています（とはいえ、同じことが起こるのは半数の人間だけのようです。残りの半数のおしっこが臭わないからではなく、その人たちには臭いの原因となる化学物質が感知できないのです）。

アスパラガスを食べていないのに悪臭がする場合、「**尿路感染症**」の可能性があります。頻尿《ひんにょう》、排尿時の痛み、尿の変色などの症状があれば、ますますその可能性は大です。医師に抗生剤を処方してもらいましょう。

排尿時の痛み

編集／マーク・アイゼンバーグ（コロンビア大学医療センター准教授）、クリストファー・ケリー（コロンビア大学付属NYプレスビテリアン病院循環器内科医）

あなたがアスリートなら、「燃えている」という形容詞はいい響きに聞こえます。それがもし尿のことだったら……排尿するときに本当に火に包まれているような感覚がしたら、あまりうれしくはないですよね。

排尿障害、いわゆる排尿時の痛みは、特に女性に起こることが多い症状です。なので、女性陣よ、どうかよく注目してください（男性陣で排尿時のしつこい痛みがある場合は、おそらく感染症なので、病院に行くべきです）。

排尿障害は多くの場合、よくある尿路感染症の深刻な発現です。（本来は無菌《むきん》の）尿に細菌がはびこり、膀胱《ぼうこう》や、膀胱と外の世界をつなぐ尿道に炎症が起こります。排尿時に燃えるような痛みが生じる原因としては、薬、皮膚への刺激物（石けんや泡風呂）、性感染症などがあります。

さて、あなたの場合はどれでしょう？　泡風呂好きの彼と過ごした夜のせい？　クレンジング液のせい、それともクラミジア感染症？　そして何より重要なのは……冷静な顔でいて大丈夫？　それとも婦人科の医師に電話して抗生剤を処方してもらうべき？

レベル1 落ち着いて対処すればいいケース

▼セックスしたばかり

セックスの直後からひりひりする痛みが始まったら、感染症ではなく、摩擦《まさつ》、精液などによる局所的な炎症の可能性が高いです。一方、セックス後2～3時間ないし2～3日たってから症状が出た場合は、尿路感染症か性感染症にかかったかもしれません。

▼泡風呂によく入る、またはシャワー中に全身を（文字どおり全身を）ごしごしこする

知らない人のために説明しておくと（実際、驚くべき数の女性が知らないのですが）、尿は尿道を通って、膣《ちつ》とクリトリスの間の小さな穴から外に排出されます。尿道の出口になんらかの炎症が起こると、排尿障害の原因になります。風呂場にあるものは、なんでも炎症を引き起こす可能性があります。シャンプー、石けん、ボディソープ、泡風呂の入浴剤もそうです。でも、神経質になることはありません。ひりひりする痛みが2～3時間以内に消え、気分がよくなったら、次回は炎症を起こした部分をこすらないようにすればいいのです。きっと大丈夫です！

レベル2 診察を受けたほうがいいケース

▼にごった、または臭いの強い尿が、いつもよりもひんぱんに出る

まず、間違いなく「**尿路感染症（UTI）**」だと思われます。女性の大半が、1回か2回はかかる疾患《しっかん》です。女性の尿路の出口は、肛門《こうもん》と近く、膀胱からもそう離れていません。このため、肛門にあった細菌が、ちょっとしたことで膀胱に到達してしまいます。男性のペニスは、器官の目的を考えれば不適当なほど長いため、普通は細菌がそこまで到達できず、UTIになる確率が低いのです。糖尿病や腎《じん》結石がある、あるいは妊娠中の場合、UTIのリスクは高まります。

もしUTIになったと思ったら、1～2日のうちに内科へ行き、簡単な尿検査で診断してもらいましょう。ひんぱんにUTIにかかる人は、水分を多くとってリスクを下げる（尿の流れを持続すれば、細菌が流出しやすくなるため）、寝る直前に排尿する（尿がひと晩の間に膀胱に溜まると感染しやすいため）、セックス直後に排尿する（侵入した細菌を追い出すため）といったことを心がけましょう。それでもよくUTIにかかる場合は、セックス直後に投与するための抗生剤を処方してもらいましょう。

▼感染症のあらゆる症状が出ているのに、医師から感染症ではないといわれた

「間質性膀胱炎」または**「膀胱痛症候群」**と呼ばれる疾患かもしれません。尿路感染症によく似ていますが、感染の形跡は見つかりません。膀胱内膜の炎症が根本的な問題の可能性があります。治療は簡単ではない（実のところ診断も難しい）疾患のため、泌尿器科《ひにょうき》で精密検査を受けるようにしてください。

▼膣のかゆみと白い分泌物《ぶんぴつ》がある

「膣カンジダ症」は、カンジダと呼ばれる真菌によって起こる感染症です。カンジダが喜ぶ糖分がたっぷりある（糖尿病など）、カンジダを阻止する健全な膣の細菌が減少している（抗生剤投与後など）といった場合に、感染の危険が高まります。痛み（排尿時含む）やかゆみを引き起こし、カッテージチーズに似た水っぽく白い分泌物が出ます（本書を読みながらカッテージチーズを食べていたらすみません）。

幸い、カンジダ症の治療は簡単で、通常は抗真菌性ジェルを塗るか抗真菌薬を1回服用するだけで済みます。ひんぱんにカンジダ症にかかるようなら、ポケットにこっそり入れておける予備の薬を処方してもらいましょう。

▼性器に水疱《すいほう》や痛みがあり、黄色っぽい分泌物が出る

クラミジア、淋病《りんびょう》、ヘルペスなどの「**性感染症**」かもしれません（たとえ感染源の相手との関係は終わっていても、感染症は終わりにはなりません）。こうした疾患の病原菌は、尿道や膣に炎症を起こします。場合によっては子宮や卵管にも広がり、不妊などの長期的な問題につながることもあります。放っておけば治るとは思わないことです。治りませんし、むしろ悪化します。簡単な尿検査で診断できます。抗生剤か抗ウイルス薬が必要になるでしょう（おそらくあなたのパートナーにも）。

レベル3 救急外来を受診すべきケース

▼発熱、背中の痛み、吐きけ、朦朧《もうろう》感がある

重度の膀胱の感染症はすぐ腎臓に広がり、「**腎盂《じんう》腎炎**」と呼ばれる疾患を引き起こします。そこから感染は血管にも広がり、命をおびやかす可能性もあります。すぐに救急外来に向かい、抗生剤を緊急投与してもらってください。通常は点滴となります。

ちょっと診察

尿路感染症対策にクランベリージュース？

尿路感染症になったことがある人で、善意の友人から、クランベリージュースをすすめられたことはないでしょうか（クランベリー生産者の組合から口利き料でももらっているのかもしれませんが）。膀胱が燃えるような痛みは二度と味わいたくないとは思っても、あなたのジムのトレーナー（あるいは歯科医）がフルーツジュースで満杯になっているあなたの冷蔵庫を見て、喜ぶかどうかは疑わしいところです。本当に、いつも飲んでいる水を、あの赤いジュースに替えるべきなのでしょうか？

細菌が膀胱の細胞に密着するのを防ぐ化学物質が、クランベリージュースに含まれているという証拠はいくつかあります。しかし残念ながら、人を対象にした比較試験においては、クランベリージュース、もしくはジュースの抽出物カプセルでも、一貫した効果は得られていません。そのうえ、クランベリージュースは低カロリーではないですし、胃酸逆流をうながすこともありません。ほかのジュースと同様、ときどきクランベリージュースを飲むのは悪いことではありません。しかし、膀胱のために大量に買い込むことはおすすめしません。

頻尿

編集／マーク・アイゼンバーグ（コロンビア大学医療センター准教授）、
クリストファー・ケリー
（コロンビア大学付属NYプレスビテリアン病院循環器内科医）

他人のトイレ習慣について何かいうことは、体重や政治思想をたずねるのと同じくらい礼儀に欠けるというのが、一般的な暗黙のルールだと思います。ずいぶん長くトイレに入っていたけど大丈夫？ 午後になってから4回目だけど？ 誰もそんなことは聞かれたくないものです。でも、上司の席のそばを通るのが、この午後これで5回目だということになると、ちょっと気まずい話になってきます。今度も会釈したほうがいい？ それとも、下を向いて黙って通りすぎようか？ 何度もおしっこに行っているのはわかっているし、みんなも知っているものの、だからといってこの疑問は消えません――なんでそんなにおしっこが出るの？

頻尿《ひんにょう》（もしくは多尿）は、少しわずらわしい程度のものもあれば、重度の疾患《しっかん》からくる症状もあります。一般に、人は1日に6～8回排尿します。それ以上の回数トイレに行く、または夜間何度もトイレに行く「夜間頻尿」の場合でも、単なる水分、カフェイン、アルコールのとりすぎだということもあります。とはいえ、糖尿病や腎《じん》疾患の可能性もないとはいえません。

今後も飛行機に乗るときには通路側の座席にすべきなのでしょうか？ ちっぽけな膀胱《ぼうこう》だと噂《うわさ》されないよう、オフィス内のトイレを順ぐりに回るべきでしょうか？ それとも、おしっこが出るペースを遅らせ、膀胱を休ませる方法はあるのでしょうか？

レベル1　落ち着いて対処すればいいケース

▼カフェインや水分を大量にとっている

大量の水（またはその他の飲料）を飲めば、頻尿につながるのは自明の理です。また、「1日にグラス8杯の水を飲むべき」という教えも間違っています。こんな数字がどこから出てきたのか誰も知りませんが、「のどの渇きをさけ、薄い黄色か透明な尿が出るような水分量をとる」というのが理にかなった目標だと考えてください。アルコールやカフェインはさらに尿の生成を増やします。ラストオーダーが近づくにつれ、バーのトイレの行列が耐えがたいほど長くなってくるのもそのせいです。そろそろ寝るというころには、特に摂取量を減らしましょう。

▼妊娠中

妊娠中の体は、おなかの子を支えるため、余分に水分を保とうとします。ホルモン値が変わり、必要な水分の量も変化するにつれ、ひんぱんにトイレに通わなければならなくなることがあります。さらに重要なのは、子宮が大きくなると、文字どおり膀胱が圧迫され、膀胱の容量がいつもより少なくなるということです。そのため、腎臓が同じ量の尿を作っても、膀胱から排出する回数が増えてしまうのです。

▼新しい薬の服用を始めたばかり

利尿薬は、尿の生成を増やし、それによって血圧を下げるための薬です（つまり、血液から余分な水分を尿として排出するということです）。これに加え、降圧薬、抗うつ薬、抗不安薬などのなかには、膀胱を制御するホルモンに影響を与えるものがあり、このせいでトイレに間に合わなくなってしまうことがあります。薬をやめたり変えたくなったりしたら、必ず前もって主治医に相談してください。

レベル2 診察を受けたほうがいいケース

▼頭が朦朧とし、いつものどが渇く

余分な水分を排出するのは正常なことです。すでに脱水状態なのに競走馬みたいにおしっこをしつづけるというのは、正常とはいえません。尿を増やす薬（利尿薬）を投与してもいないのにこうした症状が起こる場合、「**糖尿病**」の可能性があります。糖尿病になると、血液中の糖分が多すぎるため、腎臓が作る余分の尿で糖を外へ出そうとします。このせいで、体は失った水分を補充しようとして、たえず水分を求めるようになります。病院で尿検査と血液検査を受けてください。飲んだ水分の量に関わりなく、頭が朦朧として疲れを感じるなら、救急外来に行くようにしてください。

▼必死にがんばっても、したたるようにしか尿が出ない

男性なら、放尿しながら雪に自分の名前を書いたことがあるのでは？　すごく正確に、きちんと文字が書けたんじゃないでしょうか？　それが今や、名前というより、記号のようになってしまっている？　原因は前立腺《せん》にあります。前立腺は、ペニスを通っている尿道（膀胱から尿を排出する管）の周囲にあります。年を取ると、

前立腺が肥大し、尿の流れを阻害することがあります。尿が前立腺を通過して外に出るにも労力が必要になり、一方で膀胱はたえず満杯に近い状態になります。このため、しょっちゅうトイレに走らなければならなくなり、ときにはひと晩中そうしていても、尿を出しきった気になれません。前立腺を小さくして尿の流れを改善するには、さまざまな薬や治療法があります。

▼排尿時、ひりひりとした感覚や痛みがある

「尿路感染症」かもしれません。女性の大半は、死ぬまでに1回は感染を経験します。男性には

あまり見られませんが、年を取るにつれ増えてきます。また、「**性感染症**」の可能性もあります。簡単な尿検査で正しい診断が下せます。通常の治療には抗生剤を使います。

よくこうした症状が起こり、抗生剤を投与してもよくならないときは、「**間質性膀胱炎**」（または「**膀胱痛症候群**」）と呼ばれるまれな疾患の可能性もあります。

▼至るところで失禁してしまうことがあり、特にセキをしたり笑ったりすると起こりやすい

悲しいことですが、年を取るとたるんでくるのは、皮膚ばかりではありません。骨盤内の筋肉も少したるんでくるので、結果として膀胱が尿を抱えきれなくなります。重い物を持ち上げたり、爆笑したりしたときなど、急激な腹圧の増加のせいで膀胱が圧迫されると、尿が少しもれてしまうこともあります。これは「**腹圧性尿失禁**」と呼ばれ、薬や「ケーゲル体操」などで治療します。ケーゲル体操をご存じでしょうか。尿をとどめておくために使う筋肉をくり返し引き締める体操です。退屈なミーティングの間にでもやってみてください。

▼突然強い尿意を感じることがあるが、それ以外にはなんの異常もない

自分のデスクで仕事に没頭しているとき、急に膀胱が悲鳴を上げ始めた？　トイレに向かったものの、排尿の準備もしないうちから、もう膀胱が用を足してしまっていた？（走ったほうがよかっただろうか？）

これは、膀胱がひんぱんかつ急激に、なんの警告もなく排尿を訴えてくる「**過活動膀胱**」かもしれません。膀胱がまだ満杯になっていないのに、膀胱の内壁をおおう筋肉が強い収縮を起こす疾患で、その人がトイレから離れた場所にいようと、まるで容赦がありません。5秒で爆発する時限爆弾をわたされたようなものです。膀胱の筋肉を落ち着かせる薬を投与して治療します。恥ずかしがることはありません、病院で相談しましょう。

レベル3　救急外来を受診すべきケース

▼骨盤痛に加え、発熱、寒け、朦朧感などがある

重度の膀胱炎は腎臓や血流にも広がることがあり、致命的なことにもなりかねません。腎臓は背骨に隣接しているため、感染症はしばしば背中の片側または両側に痛みを引き起こします。抗生剤などの点滴を行うため、できるだけ早く救急外来へ行きましょう。

▼小便も大便もまるでコントロールできない

脳卒中か、脊髄《せきずい》に問題（出血、腫瘍《しゅよう》、損傷など）が起こっていて、膀胱や腸に通じている神経が機能しなくなっているのかもしれません。緊急事態です。横になり、救急車を呼んでください。

ちょっと診察　尿閉

しょっちゅうトイレに通う以上に悪いことがあるとすれば、まったくおしっこが出なくなってしまうことです。「尿閉」と呼ばれるこの疾患になると、本当に膀胱がいっぱいになっている感覚があっても、尿を外に出すことができなくなります。

男性の場合の尿閉は、前立腺肥大症が原因であることが多いです。そのほかの原因としては、薬、脳卒中、動脈硬化、脊髄の損傷などがあります。尿閉を起こす薬には、抗ヒスタミン薬（ジフェンヒドラミン、セチリジン、フェキソフェナジン〔商品名〈アレグラ〉など〕などのアレルギー薬）、充血緩和薬（プソイドエフェドリン、フェニレフリン）、三環系抗うつ薬（アミトリプチリン、ノルトリプチリン）、麻酔薬全般（手術後何時間か尿閉が起こることがある）などです。

出せなくなった尿はたやすく感染症を起こすので、尿閉になったら緊急処置が必要です。また、膀胱が過剰膨張を起こすにつれ、想像したこともないほどの痛みが襲ってきます。これまで経験したこともないくらいおしっこがしたくてたまらないのに、何もできないという状態を想像してみてください。まずは一時的な処置として、尿道に管を挿入し（カテーテル法）、膀胱からすぐに尿を出します。その後、長期的な治療として、尿の通り道を確保する薬を投与したりします。

まれに、膀胱を空にするため、ときどき自分でカテーテルを入れなければならないケースもあります。

ちょっと診察　膀胱が破裂することはある？

ここまであげてきたなんらかの原因により、あなたが頻尿になっているとしましょう。あなたは今、新作映画を満員の映画館で見ているところで、座席は列のまん中です。おしっこがしたくなってきましたが、自分が通路に出るせいで同じ列の観客がこの場面を見逃すのは心底申し訳ない気がします。あなたは我慢しようと決め、ポップコーンに集中します。でも、「あまり長くおしっこを我慢すると膀胱が破裂しちゃうわよ」って、母親が昔いってなかったっけ？

普通の成人の膀胱は、500ミリリットル《ミリリットル》の尿にも持ちこたえます（持ち歩き用のペットボトルくらいです）。膀胱を意識するのは、尿が半分くらい溜まってからです。そのあたりから、そろそろトイレに行くことになりそうだという感じがしてきます。もし膀胱が最大容量に達するまで我慢した場合、膀胱は破裂しません。そのかわり、あなたの抵抗を無視して勝手に排尿が始まり、パンツを濡らすだけです。隣の座席の観客にひたすらお詫びする心の準備はしておきましょう。

下痢

編集／ベンジャミン・レブウォール（コロンビア大学付属NYプレスビテリアン病院胃腸病学部門医学・疫学科助教）

社会生活を営むうえで、下痢《げり》ほど厄介な症状はないと思います。その場から逃げ出し、トイレを探して必死に走りまわり、手遅れになる前に個室に飛び込む。そんなときがいつやってくるかわからない不安をずっと引きずっているのです（便座を除菌《じょきん》シートで拭《ふ》く暇もなかったらどうしよう!?）。

自分の結婚式で下痢になったらどうなる？　コンサートでのパフォーマンス中だったら？　そこが宇宙だったら？　ついそんなことばかり考えてしまいませんか。だからパーティーに呼ばれなくなったのかもしれませんが。

先進国においては、下痢はただのわずらわしい症状です。しかし、それ以外の場所では、下痢は幼児の大きな死因です。食中毒が普通に起こるからというだけでなく、下痢で失われた水分を埋め合わせるのが難しいせいもあります。

下痢とは、厳密にいえば、排便が1日3回以上に増えること、もしくは便のやわらかさが増すことをいいます。急性の下痢（最長2週間）もあれば慢性の下痢（それ以上の長期）もあります。

急性の下痢は、通常は感染症によって起こり、2～3日のうちに回復します。細菌またはウイルスが腸内の水分の解放をうながし、腸を液体で満たします。それが食物や水分を吸収する細胞まで一掃してしまうと、水分はただ器官を直接通り抜けていくだけになります。慢性の下痢も感染症から起こることはありますが、過敏性腸症候群、炎症性腸疾患《しっかん》、食物不耐症、薬の副作用などの可能性も考えられます。

発熱や血便でもないかぎりは、ロペラミドなどの薬で暴れる腸を落ち着かせることができます。下痢が24時間以上続いたら、経口補水液などを少しずつ何度も飲むようにしましょう。水だけを飲むのはよくありません。水分が尿として排出されるのを抑えるために、体は塩分も必要とします。スポーツドリンクも飲まないよりはいいですが、糖分が多いので理想的とはいえません。

下痢がおさまらなければ、もうパンツをはいておく気もせず、ただトイレットペーパーを使い尽くすことになります。これがどのくらい続いたら、病院に助けを求めるべきなのでしょうか?

レベル1 落ち着いて対処すればいいケース

▼食事の2~3時間後、ときどき下痢になる

症状と食べた物の記録を残しておき、興味深いパターンがないか調べてみましょう。果物によく含まれている果糖（さまざまな飲料にも添加される糖分）は、ときどき消化を妨げ下痢の原因

になることがあります。牛乳に含まれている乳糖は、消化に必要な酵素《こうそ》（ラクターゼ）がない人々が摂取すると、ガス、膨満、下痢などを起こします。乳製品を減らして症状がよくなるか見てみましょう。小麦、ライ麦、大麦、それにビールなどに含まれる、悪魔のたんぱく質のようにいわれるグルテンは、**「セリアック病」**と呼ばれる自己免疫《めんえき》疾患を持つ人の腸を荒らし、痛みや下痢を引き起こします。また、辛い食べ物、揚げ物、脂肪の多い食べ物も、胃腸の過敏な人が下痢を起こしがちです。

▼無糖のガムやキャンディをずっと口に入れている

無糖のガムやキャンディなどに入っている人工甘味料（ソルビトール、マンニトール、マルチトールなど）は、深刻な下痢の症状を引き起こすことがあります。

▼ブラックのコーヒーが好きで、ひんぱんに飲んでいる

コーヒーには排便をうながす強い作用があり、たくさんの人が毎朝健康のために飲むのもそのせいです。通勤距離が長い場合は、会社に近づくころにコーヒーを飲むほうがいいかもしれません。

▼下痢と胃けいれんが1〜2日続いた

「**ウイルス性胃腸炎（胃腸カゼ）**」は、急な下痢の大きな原因の一つです。胃の不調と吐きけもおまけについてきます。症状は通常1〜2日続きます。2〜3日たっても症状が変わらなければ、診察を受けてください。

▼外洋で船旅をしたことがある

大型クルーズ船はときどき、ノロウイルス感染によるウイルス性胃腸炎の集団発症の場になってしまうことがあります。ノロウイルスにかかることは陸でもありますが、船のように閉鎖された、人の多い空間でさかんに成長します（学生寮などでもよく発生します）。

残念なことですが、大量に水分をとりながら通りすぎるのを待つしかありませんし、ほかの人に移さないよう、手をよく洗うようにしましょう。

レベル2 診察を受けたほうがいいケース

▼2〜3日胃けいれんが続いている（最近海外旅行をした）

3日かそれ以上ずっと下痢と腹痛が続いている場合、「**細菌感染症**」の可能性があり、抗生剤が必要になります。下痢に血が混じっているときも細菌感染症の兆候です（大腸菌、赤痢菌、サルモネラなどが考えられます）。主治医に相談すれば抗生剤を処方してもらえるでしょう。

海外旅行の途中で起こるこうした症状は、「**旅行者下痢症**」と呼ばれます。手をよく洗い、生の食べ物をさけ、水（氷も）が問題ないものかを気にしておくようにすれば、感染リスクは減らせます。下痢になってしまったときは、旅行が続けられるように抗生剤を処方してもらいましょう。

▼何週間も断続的な下痢が続いていて、腹痛もあるが、トイレに行った後はよくなる

下痢、便秘、もしくはその両方の症状が出る、「**過敏性腸症候群**」の可能性があります。10人に1人が悩まされるこの疾患になると、胃腸が過敏になりますが、腸の中身を出すと回復します（まれに排便が痛みを悪化させるケースもあります）。

下痢は食事と関連しているため、日中だけ起こります。あなたが睡眠関連摂食障害（夢遊状態で物を食べる摂食障害）でないかぎり、夜間に便意で目覚めるということはありません。症状緩和のための食生活変更や投薬について、医師と相談してみましょう。

▼体がほてり、不快感がある

慢性の下痢とともに、体のふるえ、動悸《どうき》、体重減があり、体のほてりがずっと続く場合、「**甲状腺《せん》機能亢進《こうしん》症**」により新陳代謝や腸の活動が過剰になっているのかもしれません。病院で血液検査をしてもらいましょう。

▼抗生剤やそのほかの新しい薬を投与している

投薬で下痢が起こることはめずらしくはありません。抗生剤、NSAIDs（イブプロフェン、ナプロキセンなどの鎮痛薬）、コルヒチン（痛風の薬）、メトホルミン（糖尿病の薬）などが下痢を引き起こすことがあります。薬のせいで下痢になっていると感じても、薬をやめる前に必ず主治医に相談してください。

抗生剤を使っていて、やめた後も数日下痢が続いたら、「**クロストリジウム・ディフィシル感染症**」の検査を受けたほうがいいでしょう（正常な大腸にたくさんいる善玉細菌を抗生剤がすべて殺してしまい、クロストリジウム・ディフィシルが広がってしまうことがあります）。

▼下痢が数日ないし数週間続き、体重減、発熱、関節痛、口内炎などの症状も出ている

「**セリアック病**」や「**炎症性腸疾患**」（潰瘍《かいよう》性大腸炎、クローン病含む）などの自己免疫疾患の可能性があります。こうした疾患になると、免疫が混乱して腸の内壁に損傷を与えてしまい、栄養分を適切に吸収することができなくなるのです。その結果、食物はただ体内器官を素通りし、下痢の状態で排出されます。血液検査や検便のほか、腹部CT（コンピュータ断層撮影）スキャン、内視鏡検査、大腸内視鏡検査などの精密検査が必要かもしれません。

レベル3 救急外来を受診すべきケース

▼血が混じった赤っぽい下痢、もしくは黒っぽいタール状の下痢が起こっている

1～2滴の血液がときどき便に混じるのは、小さなイボ痔《じ》ができているだけということもあります。血がもっと多い場合は、命に関わる問題が起こっているかもしれません。できるだけ早く救急外来で精密検査を受けてください（血便の詳細については270ジペーを参照してください）。

▼頭が朦朧として、食事も水も体がいっさい受けつけない

下痢ですべての水分を失い、脱水症状になっている可能性があります。あるいはもっと悪いことに、腸のどこかで出血しているかもしれません。体に力が入らない、心拍が速いといった症状もよくない兆候です。経口補水液を飲んでも回復しない、あるいはすべて出てしまうなら、救急外来で検査と点滴を受けてください。

便秘

編集／ベンジャミン・レブウォール（コロンビア大学付属NYプレスビテリアン病院胃腸病学部門医学・疫学科助教）

おなかが張っている感じがする？　連休初日の高速道路以上に渋滞している？　さっきからずっと便座に座って、この本を読むのももう3回目？

あなたも便秘に悩まされているおおぜいのひとりかもしれません。特に年配者には非常によくあることであり、一般的には、週に排便が3回未満しかないという状態を便秘といい、ごつごつと硬い便で、押し出すにも必死の努力がいり、トイレでどんなに時間や努力を費やしても、完全に出たという気がしないこともあります。3ヵ月以上この症状が続くと、慢性の便秘ということになります。

ただの便秘ならわざわざ診察しなくても診断はできますが、一つ忘れないでほしいのは、便が出ないからといって、体が新しい便を作るのをやめるわけではないということです。実際には、自分のうんちの小さな山の上に座っているようなものです。不快なばかりでなく、大腸に痛みや長期的な問題を起こすこともあるのです。

では、どうやって出せばいいのでしょう？　ヨーグルトを常備して、とにかくやみくもに消化を助けるべきでしょうか？　それとも、もっと思いきった方法を実施すべきでしょうか？

レベル1　落ち着いて対処すればいいケース

▼ドライな性格のあなたには、体にも水分が足りていない

1日中水分をとらず、ずっとのどが渇いていてもそれを無視していると、大腸もサハラ砂漠のように干上がって、便もピラミッドのように硬くなってしまいます。水分、とりわけ何も加えていない水をもっと飲み、便をゆるくしてなめらかに出口まで行くようにしましょう。

▼コーヒーは1日1杯しか飲まない

コーヒーには、腸の活動をうながし、より速く便を器官内で移動させる効用があります。朝食にもう1杯コーヒーを飲み、渋滞にはまらないことを祈りながら出勤しましょう。

▼繊維質の少ない食生活をしている

食物繊維とは、植物由来の複雑な構造をした炭水化物で、腸には分解も吸収もできません。繊維質の多い食生活をすると、便もやわらかく、出やすくなります。食物繊維の少ない食生活は便秘につながります。果物、野菜、豆類、ナッツ類、全粒穀物（一部のパンやパスタに含まれる）

などの食物繊維の多い食品を増やすようにしましょう。同時に、白いパンやパスタ、チーズ、卵など、食物繊維の少ない食品の摂取を減らすようにしましょう。

▼いつも座ったままでいる

1日中デスクの前に座り、週末はソファに座ってばかりいたら、大腸も大腿《だいたい》四頭筋も元気がなくなります。1日最低30分は、それなりのスピードで歩くようにしましょう。腹にたまった便の山を動かす効果があるだけでなく、心臓や全身の健康も驚くほど改善します。

▼航空会社のマイルをとんでもなく溜めている

しょっちゅう旅行をしている人は便秘になりやすいです。飛行機のトイレが近づきがたい場所だからというのもありますが（あそこでトイレットペーパーがなくなったりしたらどうすればいい？）、日常習慣からも、いつもの食生活からも離れることになるからです。もちろん、自宅で毎日ホテルのビュッフェスタイルの朝食を食べているというのなら別ですが。

旅行中でも自分の日常を守るためには、たくさん水を飲み、食事の時刻や食べ物の種類をできるだけいつもどおりにしましょう。トイレに行く時間も決めておくと効果的という人もいます。

▼妊娠中

妊娠中は、プロゲステロンと呼ばれるホルモンの値が上昇し、排便のペースを遅らせることがあります。さらに、妊婦用ビタミンに含まれる鉄分も便秘につながります。産科医に相談し、食生活の変更や、使ってもいい便秘薬のアドバイスをもらいましょう。

▼投薬のせいで便秘になっている

便秘を引き起こしやすい薬には、オピオイド（オキシコドン、ヒドロコドンなど）、高血圧治療薬（特にカルシウム拮抗《きっこう》薬や利尿薬）、鉄分のサプリメント、抗うつ薬やアレルギー薬などがあります。

特にオピオイドは、一番原因になりやすい薬です。主治医に相談せずに薬をやめるようなことはしないでください。

レベル2 診察を受けたほうがいいケース

▼顕著な腹痛があるが、排便の後は回復する

「過敏性腸症候群」かもしれません。腹痛とともに、ひんぱんに下痢か便秘、もしくはその両方

が起こります。腹痛は排便の後でよくなるのが普通です。食生活を改善し、症状を緩和する薬を処方してもらいましょう。

▼このところ寒け、疲労、むくみを感じる

新陳代謝を調節する甲状腺《せん》が、十分に甲状腺ホルモンを生成できていないのかもしれません。便秘、体重減、髪や肌の変化、疲労、そして持続的な寒けなど、さまざまな症状が出ることがあります。簡単な血液検査で診断できます。

▼体重が減ったり、便に少量の血が混じったりする

体重減は便秘による食欲減退のせいかもしれませんし、長時間トイレでがんばっているせいで、肛門《こうもん》の周囲の血管が膨張してイボ痔《じ》ができ、出血している可能性もあります。そうした症状は、大腸の腫瘍《しゆよう》が出血したり、便の流れを阻害することによっても生じます。

小さなカメラを大腸に入れて異常な腫瘍がないかを見る、大腸内視鏡などの検査が必要になるかもしれません。

▼水分を十分にとり、定期的に運動し、食物繊維の摂取を増やしても、便秘が改善しない

平凡な便秘であっても、克服できないケースはあります。医師に相談し、ほかに便秘の原因がないか基本的な検査をしてもらいましょう。どうしても理由がわからなければ、ビサコジルかポリエチレングリコールなど、腸を一掃する薬を試すべきかもしれません。医師と協力して正しい治療法を見つけ出しましょう。

レベル3 救急外来を受診すべきケース

▼ひどい腹痛が起こっている

「**腸閉塞《へいそく》**」（小腸を通る便の流れが阻害される疾患）、「**虫垂炎《ちゅうすい》**」、「**憩室炎《けいしつ》**」（大腸の一部に起こる感染症）などの可能性があります。これらの疾患が大腸の機能を奪い、急性の便秘が起こっているのかもしれません。慢性の便秘もこうした疾患のリスクを高めます。いずれにしても緊急の処置が必要です。

ちょっと診察　「浄化」されるのは財布だけ

インターネットの世界は、毒素やその他の悪いものから体を解放するという、魔法の洗浄・解毒作用のあるものであふれています。天文学者のニール・ドグラース・タイソンは、ツイッターで「その化学物質についての知識が足りない人ほど、『毒』という言葉を使いたがる」とつぶやいていますが、本当にそうだと思います。

さけるべき有毒物もあるには違いないですが（たとえばタバコの煙とか）、それでも1週間ジュースで洗浄してどうにかなるとは思えません。大腸に毒素が溜まっているのは事実で、秘密などありません。そして、「高価なジュースを1週間飲めば効用がある」などと信じる理由もありません。

便秘になったら、本書に書かれたアドバイスに従ってください。疲れやだるさを感じたら、睡眠を取り、もっと運動しましょう。あるいは、とにかく肉や糖分よりも、果物や野菜の多い食生活を続けましょう。毒素と呼ばれるものの多くは架空の悪役であり、必死の労働で得たお金を払わせようとするマーケティング戦法にすぎません。

血便

編集／マーク・アイゼンバーグ（コロンビア大学医療センター准教授）、
クリストファー・ケリー
（コロンビア大学付属NYプレスビテリアン病院循環器内科医）

２００７年、野心的なひとりの若者が、「全身フロス」という離れ業でインターネット上に悪評をとどろかせました。彼はデンタルフロスの糸を1ケース分少しずつ飲み込み、毎時間飲み下していく様子を動画におさめました。やがてフロスの糸の先端はうんちとともに出てきました。そのときもう一方の先端は、まだ若者の口からたれ下がっていました。

どう見ても不愉快で危険な行為ですし、二度とやるべきではありません。とはいえ、人間の口と肛門《こうもん》は、胸部、腹部、骨盤をくねくねと下りていく長くて切れ目のない管でつながっているということが、この行為のおかげで明白にはなりました。

口から肛門までをつないでいるのは、いわゆる胃腸管です。口、食道、胃、小腸、大腸、直腸で構成されています。また、胃腸管全体の表面積は、ちょっとした豪邸の広さくらいあるそうです。

胃腸管は表面が血管におおわれていて出血しやすく、その場合に血液が外に出る方法は二つあります。便に混じる、もしくは、こちらのほうが多いのですが、吐血という形で排出されます。どちらも致命的な問題の兆候には違いありません。

血便は、出血がどこで起こったものかによっても見た目が変わります。胃からの出血であれば、食物と一緒に消化されるため、便は黒っぽいタール状になります。対照的に、胃腸管の下のほうの出血だと、えび茶色（または明るい赤色）の便が出ます。

もし血便が出たとき、イボ痔《じ》のせいにして無視しても大丈夫でしょうか？　それとも、すぐに治療を受けるべきでしょうか？

レベル1　落ち着いて対処すればいいケース

▼公衆トイレで何度かペーパーで拭《ふ》いたときに血がついているのに気づいた

公衆トイレのトイレットペーパーはたいてい硬いので、血液はおそらく、肛門周辺の傷から出たものでしょう。次回は自宅からペーパーを1ロール持参しましょう。

▼便が赤く見えるが、ビーツの入ったおいしい料理を食べたばかり

ビーツには強い色素が含まれていて、触れるものすべてを赤紫に変えてしまいます。血便のように見えても、単にランチの残骸《ざんがい》にまみれているだけだと思われます。ちなみに、ビーツの色素は血液にも吸収され、尿に沈殿するので、尿もピンクか赤紫になることがあります。

レベル2 診察を受けたほうがいいケース

▼排便の後で1~2滴の血液が出た

イボ痔は肛門の周囲の充血した血管で、非常にもろいものです。年を取るほどできやすくなりますが、妊娠中にできることもありますし（骨盤の血管への圧迫による）、便秘の人も多いです（たえず力を入れたりいきんだりして血管が傷んでしまう）。排便中にイボ痔が裂けると、便に血の筋《すじ》がついたり、便器に何滴か血液が落ちたりします。診断は直腸検査によって行います。年齢によっては、がんの検査が必要になることもあります。

イボ痔の治療は、顕著な出血やかゆみや痛みがあるときだけです。便秘なら、もっと食物繊維をとり、便をやわらかくして出やすくなるように努め（263ページ参照）、運動も行って腸を活発にしましょう。イボ痔ができた人の多くは、温かいお湯を浅く張ったバスタブに座るとらくになれます。痛み止めも含まれた、市販のイボ痔用軟膏《なんこう》もあります。こうした手だてがどれも効かない場合、イボ痔を除去する手術が必要かもしれません。

▼便に鮮血の筋がついたが、それ以外はまったく健康

イボ痔ができているか（前の項目を参照）、大腸の腫瘍《しゅよう》か異常血管が出血しているのかもしれません。大腸内視鏡検査で診断を行います（276ジペーの「ちょっと診察」参照）。

▼排便のときに鋭い痛みがあり、便に鮮血の筋がつく

肛門の裂傷、いわゆる「**裂肛**」が起こっているかもしれません。一般的な原因としては、慢性の便秘（大きく硬い便を肛門から無理に出すため）、経膣分娩《けいちつぶんべん》（膣の周辺にあるものすべてに損傷が生じる可能性がある）、アナルセックス（次回は潤滑剤《じゅんかつ》を忘れないように）などが考えられます。裂傷ができると、出血したり排便時に強い痛みが生じたりします。温かい風呂に浸かるとらくになりますし、食物繊維をとって便をやわらかくするようにしましょう。医師に相談すれば、裂傷への血流を増やして治癒をうながす軟膏を処方してもらえると思います。

▼抗凝固薬を使っている

抗凝固薬はしばしば、本来ならあまり危険がなく出血もしない、小さな異常箇所の出血をうながすことがあります。がんや腫瘍からの出血を増やすこともあり、おかげで早期発見につながることもあります。医師に相談すれば、大腸内視鏡で異常がないかどうかを検査してくれるはずです（276ジペー「ちょっと診察」参照）。

よく使われる抗凝固薬としては、ワルファリン、アピキサバン（商品名〈エリキュース〉）、リ

バーロキサバン（商品名〈イグザレルト〉）、ダビガトランなどがあります。

▼ときどき差し込むような腹痛と下痢《げり》があり、鮮血が混じっていることがある

「**腸内感染**」か「**炎症性腸疾患**」（クローン病、潰瘍性大腸炎含む）などの自己免疫《めんえき》疾患かもしれません。できるだけ早く精密検査をしてもらってください。下痢や出血がひどく頭が朦朧《もうろう》とするようなら、救急外来へ向かってください。

▼たまにまっ黒な便が出るが、それ以外は健康

鉄分のサプリメントを服用しているなら、おそらくそれが原因です。黒いリコリス（植物性の黒いゴム状の菓子）、ブルーベリーなども便が黒くなります。

これらを口にしていないなら、胃が出血している可能性があります。前述のとおり、胃内の出血は消化されて大腸まで行き、（便とともに）黒くなります。便のサンプルを医師に見てもらいましょう。簡単な検査で便に血液が混じっているかどうかがわかります。もし混じっていれば、出血部を探すため、おそらくは内視鏡検査が必要になります。

▼体重が減っている。大腸がんの病歴がある家族がいる

あなたの大腸がんリスクは平均よりもかなり高いため、1～2滴の血液が便に混じったくらいでも、大腸がんの検査をする必要があります。大腸内視鏡検査を受けてください（276ページ「ちょっと診察」参照）。

▼よく鼻血が出たり、特に理由もなくあざができたりする

血液凝固異常が起こっているか、血小板（血液の凝固を助ける細胞）の値が異常に下がっている可能性があります。この場合、腸の内壁など、さまざまな箇所から出血するリスクが高まります。できるだけ早く精密検査を受けてください。出血がひんぱんに起こったり、出血量が多い場合は、緊急治療の必要があります。

レベル3 救急外来を受診すべきケース

▼立っているときに、頭が朦朧としてくる

血便が出て、頭も朦朧としているときは、おそらくもっと大量の血液が腸に流れ込んでいます。朦朧感があるのは、すでにひどい出血が起こっている兆候です。救急外来へ行ってすぐに検査を受けましょう。場合によっては輸血が必要になります。

▼排便しようとしたら鮮血が噴出した

肛門からの出血は、すぐにも致命的な事態につながります。激しい出血が起こったら救急車を呼びましょう。でなければ、血が止まるときは心臓も止まるということになりかねません。

ちょっと診察　大腸がスポットライトを浴びるとき

若いころは、年齢は道しるべのようなものです。18歳になると車の運転ができます。20歳になると、ようやく本物の身分証をバーで出すことができます。しかし残念なことに、年を重ねてからは、そんなに楽しいものではありません。40歳になると……ついに大腸内視鏡検査を受けることが推奨されます（それでも、映画の入場料が割引になり、社会保障給付を受ける日は近づいていますが）。

大腸内視鏡検査は、異常なできものや出血箇所を探すため、医師が大腸に小さなカメラを通す検査です。異常に見えるものはすべて生体検査（生検）でがんかどうか調べます。大量の潤滑剤とともに、先端にカメラがついた長く細い管（人の指くらいの太さ）を肛門から挿入します。そう聞くと、なんだか野蛮《やばん》な感じがしますが、落ち着いて検査を受けるための薬もたくさん使います。また、検査はほんの30分程度で終わります。

検査中は眠っているようなものですし、検査そのものより、むしろ準備のほうがつらかったりします。透明な液体の入った大きなボトルを処方され、それを当日の早朝にがぶ飲みします。そう、この液体は激しい下痢を誘発します。腸から大便を押し流しておく必要があるためです（便がこってりと大腸の内壁についていたら、見つけられる腫瘍も見つけられなくなってしまいます）。

大腸内視鏡を初めて受けるのは、たいてい40歳を過ぎてからです。しかし、家族に大腸がんの病歴があれば、もっと早く受ける必要があります。また、血便や原因不明の貧血（血球数の減少）など、大腸がんの可能性がある兆候が見られたら、すぐさま大腸内視鏡検査を受けることになります。大腸内視鏡は通常10年ごと、もしくはポリープ（がんではない腫瘍）が見つかったらもっと早めに、再検査を受けることになります。

大腸内視鏡のことを考えただけでうんざりしてくるのもわかりますが、検査は定期的に受けることをおすすめします。どうしても嫌だというのであれば、ほかにも選択肢はあります。たとえば、特別なキットを使って定期的に検便し、血便や腫瘍の遺伝学的証拠（がんを示すＤＮＡの形跡）を調べるという方法もあります。残念ながら、このキットは大腸内視鏡ほどしっかりがんを見つけてはくれませんし、腫瘍の可能性を示す証拠が見つかれば、どのみち大腸内視鏡検査は受けなければなりません。

第7章 腕と足

足の痛みやけいれん

編集／ニコラス・モリッシー
（コロンビア大学医療センター外科／血管外科准教授）

足の痛みで生活に支障が出ている？　ジム通いをさぼったり、コーヒーテーブルに足をのせたりする口実にはできるかもしれませんが、足の痛みが普通の生活のじゃまになることは確かですし、まれなケースですが、もっと別の疾患《しっかん》の兆候である可能性もあります。

足の痛みというとき、ふくらはぎのけいれん（こむら返り）のことをいう人は少なくありません。足の筋肉の強い収縮から起こるけいれんで、筋肉の神経が過剰反応することで起こります。一般的な原因としては、マグネシウム、カリウム、カルシウムなどの電解質不足、乳酸の蓄積、脱水などがあります。また、運動の後に適度なストレッチをしないと起こることもあります。

とはいえ、この痛みは本当にけいれんなのでしょうか？　血行不良や血栓《けっせん》、あるいは、筋肉、神経、関節の炎症ということはないのでしょうか？

レベル1　落ち着いて対処すればいいケース

▼ベンチプレスをしたばかり

エクササイズも含めアクティブな生活を営むのは素晴らしいですが、やりすぎはよくありません。過剰にきついトレーニングは筋肉疲労や脱水につながりやすく、脛骨過労性骨膜炎《けいこつかろうせいこつまくえん》（シンスプリント）、腱炎《けんえん》、骨にひびが入るなど、運動関連の負傷も増えます。ただ水を飲むより、経口補水液などをとって水分不足にならないようにし、トレーニングの前と後にはストレッチをしましょう。

また、足に合った履き心地のいいスニーカーを必ず選びましょう。スニーカーの中で足の指を動かせる余裕があり、それでいて足そのものは動かないようなものをおすすめします。運動後に痛みを感じたら、ストレッチやマッサージ、アセトアミノフェン〈商品名〈タイレノールA〉など〉やイブプロフェンなどの鎮痛薬を使い、痛みが取れるまで筋肉のケアをしましょう。

▼睡眠中でも足のけいれんが起こり、その痛みで目が覚めてしまう

50歳を超えた成人の半数が、夜にふくらはぎや足のけいれんで目が覚めるという経験をしています。ベッドを出て、痛む筋肉のストレッチをするとよくなります。これを予防するには、寝る直前を含め、少なくとも1日3～4回のストレッチをすることです。効果がなければ、ビタミンB群のカプセルを試してみてください。それでもけいれんが起こるなら、医師に相談し、筋肉をリラックスさせる薬の処方を頼んでみましょう。

▼妊娠中

足のけいれんは妊婦にもよく見られます。いずれ母親になったときにも味わう身体的な痛みでもあります。こうした痛みは、足にさらに体重がかかるから起こるのです。それに加え、妊娠後期の女性は、血中カルシウム値と血中マグネシウム値が比較的低くなっています。妊娠の終盤にきて足のけいれんが起こっている場合は、カルシウムやマグネシウムのサプリメントが助けになりますし、通常は胎児《たいじ》にも安全です（とはいえ、まず産科医に安全かどうかを確認してください。妊婦や胎児にはよくないサプリメントもまれにあります）。

妊娠期間中には血栓ができることもあるので、片足が赤みがかっている、腫《は》れている、痛むなどの症状があれば、すぐ医師に知らせてください。

レベル2 診察を受けたほうがいいケース

▼夜の間も足を動かしていないと落ち着かない

「**むずむず脚症候群**」は、足の痛みではなく、不愉快なむずむずした感覚が両足に生じ、足を動かすと回復する疾患です。休んでいるときや寝ようとしているときなどに起こり、早朝には回復します。成人のおよそ10人に1人がこの機能不全に悩まされています。気持ちよく眠れずに部屋をうろうろしているようなら、あなたもその仲間かもしれません。抗ヒスタミン薬、抗うつ薬、メトクロプラミドのような制吐薬などの副作用で発症するケースもあります（これらの薬を投与している場合、やめる前に医師に必ず相談してください）。

また、鉄分不足、腎《じん》疾患、神経障害、多発性硬化症、さらに妊娠の兆候の場合もあります。症状を和らげるには、寝る前に足のストレッチをしてみましょう。熱いシャワーも効果があります。とにかく一度、精密検査を受けましょう。

▼足に靴下の跡がはっきりとつき、気に入っていた靴がきつくなった

足がむくむと、皮膚が引っぱられて足が痛むことがあります。足のむくみにはさまざまな原因が考えられますが（287ジペー参照）、腎疾患、肝疾患、心疾患の場合は精密検査が必要になります。

▼片足または両足に、麻痺《まひ》、むずむず感、ヒリヒリする痛み、力が入らないなどの症状がある

脊椎《せきつい》の下部に「**椎間板ヘルニア**」や「**脊柱管狭窄症**《きょうさく》」があると、足の神経を圧迫するため、痛み、正常な感覚の喪失、力が入らないなどの症状が出ることがあります。前傾姿勢を取ると軽快する場合、神経周囲の脊椎が狭窄していることが考えられます（脊柱管狭窄症）。背骨を曲げると狭窄部分がいくらか広くなり、痛みが和らぐのです。抗炎症薬（イブプロフェン）が神経への圧迫を減らし、症状を緩和します。効果がなければ、医師に相談し、神経の周囲にステロイドを打ってもらって炎症を抑えるか、手術で神経の圧迫を和らげてもらうことになります。

また、神経障害、すなわち糖尿病、長期のアルコール依存、ビタミン不足、一部の自己免疫《めんえき》疾患などによる神経の損傷があるときも、同様の症状が出ることがあります。治療は原因によって異なりますが、ガバペンチンやプレガバリン（商品名〈リリカ〉）といった薬が症状緩和の助けになります。

▼歩いていると痛みを感じるが、休むと回復する

片足または両足に血液を供給する動脈で、狭窄が起こっているかもしれません。筋肉が活発に活動しているときに十分な血液が行かないと、痛みが生じることがあります。こうした症状を「**跛行**《はこう》」と呼びます。喫煙者や、高血圧、高脂血症、糖尿病の病歴がある人はリスクが大きくなります。治療としては、禁煙（当たり前です！）、血圧やコレステロールや糖尿病のコントロール、よく歩くことの習慣化などがあります。体を動かすことで、足にも新たに健康な血管が発達してくるので、毎日少しずつ自分を駆り立てて歩くようにしましょう。

症状が本当にひどい場合は、足への血流を増やす薬の処方か、狭窄を広げる処置をしてもらうことになります。もし片足の症状がどんどん悪化したり、休んでいるときでも痛みが出たりしたら、血流がまったく足に行っていない可能性があります。すぐ救急外来に向かってください。

▼最近新しい薬を投与するようになった

利尿薬（体から余剰水分と塩分を出すための薬で、脱水や電解質不足を引き起こすことがある）、サルブタモール（喘息《ぜんそく》の吸入薬）、経口避妊薬、ラロキシフェン（商品名〈エビスタ〉など［骨粗しょう症の薬］）、スタチン（コレステロール値を低下させる薬）などの薬が、足の痛みやけいれんの原因になることがあります。薬をやめたいときは、前もって医師に相談してください。

▼片方の足が赤みを帯び、温かく、触ると痛む

「蜂窩織炎《ほうかしき》」と呼ばれる皮膚の感染症かもしれません。特に症状の出ているあたりに最近ケガをし、皮膚を損傷している場合は可能性が高まります。また、足の表在静脈（体表近くの静脈）に血栓ができていることも考えられます。この血栓は、通常は危険なものではありませんが、腫《は》れて痛みが出ることがあります。その日のうちに診察を受けるようにしてください。それが無理な場合や、発熱と寒けを伴う場合は救急外来に行ってください。

レベル3 救急外来を受診すべきケース

▼片足のみに痛みのある腫れが生じている。最近バス、電車、飛行機などで長時間の移動をした、または足にケガをした

片方の足の深部静脈に血栓ができ、痛みのある腫れを引き起こしている可能性があります。肺などの体のほかの部位にも移動するかもしれません。こうした血栓は、最近足を動かさずにいた（車、バス、飛行機などに長時間乗っていた、骨折してギプスをつけていたなど）、経口避妊薬を服用した、がんがあるといった人ほど生じやすくなります。超音波検査で診断し、最低でも3ヵ月は抗凝固薬で治療します。

▼片方の足が痛み、冷たく、麻痺している（寒い場所にいたわけではない）

片足の動脈に急性の完全な閉塞《へいそく》が起こっている可能性があります。取り返しのつかない合併症、たとえば壊疽《えそ》などが起こる前に、足へ血流を戻す投薬と処置が必要です。足を切断されたくなければ、すぐに救急外来に向かってください。

足のむくみ

編集／マーク・アイゼンバーグ（コロンビア大学医療センター准教授）、クリストファー・ケリー（コロンビア大学付属NYプレスビテリアン病院循環器内科医）

お気に入りのピンヒールが急に入らなくなったら、動揺しませんか？　理由もわからずに足を見下ろして、そして気づくのです。「何これ？　私こんな大根足だった⁉」

足のむくみは「下肢浮腫《かしふしゅ》」などとも呼ばれ、皮下に水分が溜まって生じる現象です。浮腫がさらにひどくなると、ふくらはぎや、ときには太ももむくみ、指で皮膚を押すとへこみが残ることもあります。

見ばえがよくないことは確かですが、これは深刻な問題なのでしょうか？　幸い、たいていの場合は、外見が残念なことになるだけで済みます。しかし、痛みが出るケースもあります。まれな例ですが、心臓や腎臓《じんぞう》、その他重要な器官の疾患《しっかん》から浮腫が生じることもあり、この場合はすぐに治療が必要です。

さて、この先ずっと靴下をはくことになるのか、それとも救急外来に駆け込むべきなのでしょうか？

レベル1 落ち着いて対処すればいいケース

▼塩分の多い食べ物が大好き

たくさんの塩分をとった後の体は、血液が死海のようにしょっぱくなることをさけるため、もっと水分を必要とします。重力のせいで水分は下に行き、足に溜まります。テイクアウトフード、インスタント食品、缶詰《かんづめ》の食品、その他塩分の多い食べ物を減らしましょう。

▼1日の大半、同じ場所で座りっぱなし、または立ちっぱなしだった

あなたの心臓は血液を全身に送り出していますが、それがあまり戻ってきていないようです。動きまわらないと、重力が水分を足にとどめてしまいます。足を曲げると水分が心臓方向へ押し上げられるため、1時間に最低5分は動きまわるようにしましょう。それができない場合は、座ったまま足を上げてもいいでしょう。

▼生理の直前になると足がむくむ

生理前のホルモンの激しい変化は、気分に影響するだけでなく、体の余剰水分の保持にも影響します。むくみがわずらわしくなったら、塩分の多い食品を減らし、できるだけ足を上げて運動しましょう。

▼新しい薬の投与を始めた

アムロジピン〈商品名〈ノルバスク〉など［高血圧の薬］〉、ステロイド、エストロゲン、テストステロン、ミノキシジルなどの薬が足のむくみを引き起こすことがあります。薬をやめたいと思ったら、必ず前もって主治医に相談してください。

レベル2 診察を受けたほうがいいケース

▼妊娠中

妊娠期間中に体が水分を保持するのは正常なことで、たいていの妊婦は妊娠中期に足首のむくみを経験します。妊娠期間がさらに進むと、子宮が大きくなり、足へ血液を送っている血管を圧迫して、さらにむくみがひどくなります。ただ、急激なむくみが生じた場合は、深刻な問題の兆候かもしれません。片足のむくみがもう片方の足よりもひどいときは、「**血栓**《けっせん》」の可能性がありますす（これも妊婦には多いです）。両足がむくむときは、「**子癇**《しかん》**前症**」と呼ばれるめずらしい妊娠の合併症かもしれず、これには高血圧や腎疾患を伴う場合もあります。また、これもまれな合併症ですが、心筋が弱まる「**周産期心筋症**」も考えられます。産科医に連絡してください。

▼塩分を減らし、1日中足上げ運動をしてもむくみが続いている。また、足に紫色のクモのようなあざが出ている

足の血管が損傷を受け、うまく機能しなくなることがあります。こうなった血管は腫《は》れて拡張し、皮膚の下から見えるようになり、血液や水分は足に滞留するようになります。「**慢性静脈不全**」と呼ばれるこの疾患は、めずらしいものではありません。利尿薬を投与して体内の余剰水分を一掃し、着圧ソックスなどをはいてみましょう（補正下着を足につけるようなものだと思ってください）。

▼もも、手、顔もむくんでいる

それほど水分が体内に溜まっているのであれば、心臓、肝臓、腎臓に問題があるのかもしれません。追加の検査を受ける必要があります。

▼むくみが赤みを帯び、触ると痛い

「**蜂窩《ほうか》織《しき》炎**」と呼ばれる皮膚の感染症か、皮膚のすぐ下にある表在静脈の血栓かもしれません。

医師に電話して、その日か翌日のうちに診察を受けてください。発熱と寒けもあるようなら、救急外来に向かってください。

レベル3 救急外来を受診すべきケース

▼片足にのみ痛みを伴うむくみがあり、最近足のケガをしたか長時間移動をした

足の深部静脈に血栓ができ、足に血液が流れなくなる「**深部静脈血栓症**」かもしれません。この疾患になると、足が腫れ、しばしば痛みが出ます。血栓が剥《は》がれて肺に到達すると、命に関わる問題にもなります。足の超音波検査で診断します。血栓があった場合は、最低でも3ヵ月は抗凝固薬を投与する必要があります。

▼息切れもある

心臓、肝臓、腎臓の疾患が原因で、全身に水分が滞留することがあり、通常は足から始まって、最後は肺に到達します。肺に余剰水分が溜まると、すぐに呼吸が続かなくなり、夜寝ているときに息切れするようになります。また、足に血栓ができるとむくみが生じ、血栓の一部が肺に移動して、息切れを引き起こしている可能性もあります。いずれにしても、早急の治療が必要です。

ふるえ

編集／マーク・アイゼンバーグ（コロンビア大学医療センター准教授）、クリストファー・ケリー（コロンビア大学付属NYプレスビテリアン病院循環器内科医）

特定の環境下で、意図しないふるえ、抑えられないふるえが体の一部から生じることがあります。普通は手に出ることが多いですが、頭、舌、目、歯、声帯（この場合はしわがれ声が出る）、足などにも生じます。どんな年齢の人でもありますが、全般的に年を取ってから始まることが多いです。

静かにしているとふるえが始まり、ふるえている体の部位をわざと動かすとよくなるケースもあります（安静時振戦）。逆に、静かにしているときは起こらないのに、体の一部を使うとふるえが出る（動作時振戦）、または体の一部が動作の目標に近づくとふるえが出る（企図振戦）といったケースもあります。

パーキンソン病など、重度の潜在的な疾患《しっかん》から来ている可能性もありますが、大半のふるえは、ふるえを除けばまったく健康な人間に起こる、ただのわずらわしい症状です。さて、あなたのふるえはどういうふるえなのでしょうか？

レベル1 落ち着いて対処すればいいケース

▼寒いときだけに起こるふるえ

最初に説明すべきことですが、ふるえ（医療用語では「振戦」と呼ぶ）はすべての恒温動物に起こるまったく正常な反応です。寒いときのふるえを心配する必要はありません。体はカロリーを燃焼させるためにふるえ、それによって熱を生み、体温を正常に戻そうとしているのです。

▼タバコを吸っているときだけに起こるふるえ

生理学的な（つまりは正常な）小さいふるえというのは誰にでもありますが、手を伸ばすとそれが顕著になることがあります（顕微鏡で見ながら針に糸を通そうとするときもそうです）。ふるえは、ストレスや疲れや不安、そしてニコチンによっても大きくなります。

▼目は母親に似たが、ふるえは父親に似た

「本態性振戦」は、通常は成人してから出るもので、親から受け継ぐこともあります。20人に1人に出る症状で、動作時振戦（動かすことによって悪化するふるえ）が利き手から起こることが

多いのですが、もう片方の手に広がることもあります。普通は1〜2杯のアルコールで落ち着くため、それが診断の助けになります。とはいえ、治療でいつも酔っ払わせるわけにもいきません。

本態性振戦のせいで生活に支障が出るようになったら、医師に相談し、β遮断薬《ベータしゃだんやく》やプリミドンなどの薬を使うことも考えてみましょう。ふるえを抑えることの利益と、これらの薬で生じるかもしれない副作用とを、天秤《てんびん》にかけて考えるべきです。また、こうした薬を、医師の指示に従って一定期間だけ投与するのもいいかもしれません。

レベル2 診察を受けたほうがいいケース

▼ひどいふるえのせいで薬瓶のふたも開けられない

刺激薬（アンフェタミンやプソイドエフェドリンなど）、カフェイン、喘息《ぜんそく》の吸入薬、抗てんかん薬、リチウム、甲状腺《せん》ホルモンなどは、副作用でふるえが出ることがあります。もしいずれかの薬がふるえの原因だと思っても、主治医に相談せずに投与をやめたりはしないでください。

▼たえずほてりを感じ、体重減、下痢《げり》、動悸《どうき》がある

新陳代謝が過剰になる**「甲状腺機能亢進症《こうしんしょう》」**の可能性があり、そのために生理学的な（正常

な）ふるえが起こっているのかもしれません。簡単な血液検査で、甲状腺ホルモン値を調べることができます。

▼安静時振戦に加え、動きの遅さ、硬直、足を引きずるなどの症状が見られる

「**パーキンソン病**」は、およそ100万人のアメリカ人の脳に影響を与え、動きに進行性の症状が出る疾患です。典型的なパーキンソン病のふるえは、ぐるぐると親指と人さし指をこすり合わせるような安静時振戦で、「丸薬丸め運動」などとも呼ばれます。ほかに、体の硬直、バランスが取れなくなる、すり足歩行、嚥下《えんげ》困難、物忘れ（認知症）などの症状が見られます。

パーキンソン病は、ドーパミンの脳中濃度が低いことから生じるため、標準的な治療はその値を正常に戻すための薬剤投与です。それが効かなくても、脳にペースメーカーのような装置を植え込む脳深部刺激療法で改善する人もいます。

60歳以上で発症することが多いですが、もっと早い時期にほかの疾患から同様の症状（パーキンソニズム）が出ることもあります。パーキンソニズムは、メトクロプラミドや抗精神病薬（ハロペリドール、リスペリドン［商品名〈リスパダール〉など］）など、ドーパミンの信号を遮断する薬の投与によって引き起こされることが多いです。

▼グラスに手を伸ばそうとするとふるえがひどくなる

「**企図振戦**」は、たとえば実際に手を使わずとも、何かを取ろうとして手を近づけたときなどに起こるふるえです。小脳と呼ばれる、後頭部にある脳の一部分に問題が生じると、この症状が起こることがよくあります。多発性硬化症、脳卒中、頭部の負傷、そしてアルコール依存などが主な原因です。

▼アルコールのボトルを空けてしまうことが多く、飲むのをやめるとふるえが始まる

アルコールを大量に飲み（ほぼ毎日4〜6杯以上）、それを急にやめると、禁断症状としてふるえが出ることがあります。頭痛、不眠、発汗、動悸などを伴う場合もあります。こうした症状は、2〜3日するとおさまったりもしますが、急激な禁酒は命をおびやかす症状につながりかねません。幻覚、混乱、発作などが起こったら、すぐに救急外来に向かってください。

▼40歳未満である

前述した振戦のどれかという可能性もありますが、「**ウィルソン病**」と呼ばれるめずらしい遺伝性疾患のことも考慮すべきかもしれません。銅の蓄積により、脳と肝臓に取り返しのつかない損傷が起こってしまう疾患です。安静時振戦、もしくは企図振戦が出ることがあります。特に、翼を羽ばたかせるように両腕を上下させる「羽ばたき振戦」が典型的です。そのほかに、筋肉の

硬直、黄色がかった肌、嘔吐《おうと》、腹痛、腹部・足の液体貯留、言語障害、人格変化などの症状があります。

ウィルソン病でほかの症状なしにふるえだけが出ることはまれですが、この疾患は治療しなければ命に関わるため、若い人の場合は検査すべきだと思います。簡単な血液検査で診断ができます。この疾患は、銅を多く含む食品（ナッツ類、マッシュルーム、チョコレート、ドライフルーツ、甲殻《こうかく》類など）をさけ、体内の過剰な銅を薬で除去するなどの治療を行います。

レベル3 救急外来を受診すべきケース

▼急にふるえが始まった。もしくは、体に力が入らない、言語障害、混乱、高熱などの症状が併発している

新たに始まった振戦は、血中電解質（マグネシウムやカルシウム）の深刻な不均衡、脳卒中、重度の感染症など、命をおびやかす疾患の兆候の可能性があります。すぐ救急外来に向かってください。

関節・筋肉の痛み

編集／アンカ・ディヌ・アスカネース
（コロンビア大学付属ＮＹプレスビテリアン病院リウマチ医）

成人した人間の体には２０６の骨があります。その骨をつないで安定させ、緩衝剤《かんしょう》の役割を果たし、体をスムーズに動かすための関節は３００以上あります。靱帯《じんたい》は関節を周囲で支える組織で、腱《けん》は筋肉を骨につなぐ組織です。

関節が炎症を起こしたり疲労したりすると、関節炎が起こります。関節炎にも、通常は非炎症性に分類されるもの（疲労や断裂による変形性関節症など）から、炎症性のもの（免疫《めんえき》細胞が関節に攻撃して起こる関節リウマチや狼瘡《ろうそう》など）までいろいろあります。

また、筋肉痛は医学的に「筋痛症」といいます。筋痛症は、筋肉の使いすぎのほか、自己免疫疾患《しっかん》など、さまざまな疾患から生じる症状です。

さて、あなたの関節や筋肉の痛みは、もっと悪い病気の先触れなのでしょうか？　夏にダニに噛《か》まれたことが原因だということはないでしょうか？　年を取った証拠？　鎮痛薬を服用すればいい？　それとも主治医にレントゲンを撮ってもらうべきでしょうか？

レベル1 落ち着いて対処すればいいケース

▼トライアスロンの大会に向けてトレーニングしているが、関節や筋肉に痛みを感じる

定期的な運動（理想としては1日に20〜30分程度の）をするなどして活発に過ごすことは、医師も推奨するところですが、熱中してやりすぎるのはよくありません。大きな挑戦をしたければ、徐々にトレーニングをきつくするよう心がけましょう。

トレーニングの前後にはストレッチを行い、運動の後で痛みに気づいたら、アイシング、マッサージ、痛む関節を休ませるなどの基本的なケアを試しましょう。それで回復しなければ、非ステロイド性抗炎症薬（ＮＳＡＩＤｓ）を服用しましょう。よく使われるＮＳＡＩＤｓは、イブプロフェン、ナプロキセンなどです。ただ、ＮＳＡＩＤｓは腎《じん》疾患や心疾患のある人に問題を起こすことがあるので注意しましょう。

動かすのがつらいほどひどい痛みだったり、休ませて痛み止めを服用しても治らない痛みであれば、医師に相談しましょう。激しい運動の後で筋組織が実際に融解してしまう「**横紋《おうもん》筋融解症**」など、もっと深刻な疾患の可能性があります。

▼手足が冷えたり、ストレスを感じたりしたときに、手足の指が変色する

「レイノー現象」かもしれません。20人に1人と比較的多く見られる症状で、寒さや感情的なストレスから手の血管が狭まり、指が白くなり、その後青く変色します。痛みを伴うこともあります。足の指、耳、鼻、ときには乳首に生じることもあります。

症状が出たら、変色しているあたりを温めるようにしましょう。無症状のときは、冷たい場所をさける、保温性の高い手袋をする（可能なら中に使い捨てカイロを入れてもいい）、タバコは吸わない、血管を収縮させる薬は最小限にするなどの方法で予防しましょう。充血緩和薬（フェニレフリン、プソイドエフェドリン）、片頭痛薬（トリプタン系、カフェイン）、刺激薬（メチルフェニデート［商品名〈リタリン〉など］）などの治療薬があります。

レイノー現象は、普通は大事には至りませんが、ときどき狼瘡や強皮症などの自己免疫疾患を伴うことがあります。さらに検査が必要になるかもしれないので、主治医に報告しましょう。

症状がひどく、予防の効果も出ない場合は、血管を広げる助けとなるカルシウム拮抗《きっこう》薬を処方してもらえるかもしれません。30分以上たっても指が青いままで痛みがあるときは、別の種類の血管閉塞《へいそく》が起こっているかもしれないので、救急外来で診察を受けてください。

レベル2 診察を受けたほうがいいケース

▼関節をひねった、もしくは負傷した後、腫《は》れて痛みが出ている

我慢できる程度の痛みで、関節もらくに動かせるなら、靱帯を伸ばしただけかもしれません。RICE《ライス》（休養［Rest］、氷［Ice］、圧迫［Compression：患部を包帯できつく巻く］、足を上げる［Elevation］）によって、症状が改善するか少し様子を見ましょう。

症状が1〜2日以上長引くなら、病院で検査を受けましょう。痛みがひどい、関節が正常に動かせない（または体重を支えられない）、患部近くに感覚がないといった症状があれば、骨折、靱帯断裂、腱断裂など、もっと深刻な問題が起こっているかもしれません。その日のうちに診察を受けられない場合は救急外来へ行き、精密検査とX線検査を受けましょう。

▼60歳以上で、1〜2ヵ所の関節に、何ヵ月ないし何年にもわたって続いている痛みがある

年を重ねれば知恵はつきますが、残念ながら変形性関節症にもなりやすくなります。特に60歳を超えると、関節の疲労や損傷の蓄積がこの疾患につながります。ひざ、腰、手、背骨などに見

られることが多いです。動かすことで悪化し、休むとよくなります。

一部の関節を使ってよく反復動作をしている人（アスリートやダンサーなど）の場合、もっと若いころから変形性関節症になることがあります。太っていると、負荷のかかる関節（ひざや腰）に体重がかかり、関節の損傷を速めます。

X線（可能ならMRI［磁気共鳴画像診断装置］も）で患部の検査をします。初期段階の治療は、外用薬（NSAIDsが含まれている）の塗布、理学療法、そして運動などです。主治医または理学療法士の指示で、副木か固定装具を使って関節を安定強化することもあります。カプサイシン（唐辛子抽出物）の塗り薬に頼る人も多く、痛みを麻痺《まひ》させる作用があります（ただし、最初塗るときはチクチクした痛みが生じます）。体重を減らすことも関節の負担を減らし、痛みを改善させることにつながります。

外用薬が効かなければ、NSAIDsの錠剤（142ページ参照）を服用することもできます。痛みが続くなら、ステロイド（または血漿《けっしょう》などのほかの物質）を関節に直接注射すると改善することがあります。こうした手段を全部試しても痛みがおさまらない場合は、関節置換術を行うしかありません。

▼痛む関節が複数あり、朝目が覚めたときの痛みが一番ひどい

自己免疫疾患に関連した痛みの可能性があります。関節を休ませていると痛みが悪化し、使っ

ていると改善する「**炎症性関節炎**」が起こっていると改善するているかもしれません。最も一般的に見られるのが

「**関節リウマチ**」で、40～60歳の女性に多く発症します。

関節リウマチは通常は対称性で、体の両側の同じ関節に痛みが出ます（手と爪先《つまさき》が多いです）。ひじや前腕の周辺に無痛のこぶができることもあります。関節リウマチは自己免疫疾患なので、発熱、体重減、疲労、赤目や目の痛み、肺や心臓の内壁の痛みなどが見られるケースもあります。血液検査やX線検査で診断します。関節リウマチと診断されてもパニックになることはありません。症状を改善させたり、関節のダメージを緩和したりする薬はたくさんあります。

▼ひじ、ひざ、頭皮に、かゆみやまだらのあざがある

「**乾癬**《かんせん》」（328ページ参照）の患者の3人に1人が、免疫による関節への異常な攻撃のせいで炎症性関節炎を併発します（興味深いことですが、皮膚の病変がない「乾癬性関節炎」というのもあります）。また、関節周辺の腱やそのほかの組織に腫れや痛みが出て、手足の指がソーセージ状になることもあります。

主治医に相談すれば、鎮痛薬、あるいは、体の免疫を部分的に抑制してこれ以上関節にダメージを与えないようにするため、もっと強力な薬を処方してもらうこともできると思います。

▼発熱、寒け、頭痛、セキのほか、筋肉や関節のあちこちに痛みがある

インフルエンザかもしれません（その年にインフルエンザ・ワクチンの注射を受けていてもかかることがあります）。安静にして十分な水分をとり、アセトアミノフェン（商品名〈タイレノールA〉など）などの鎮痛薬を服用すれば、たいていは1週間もかからずに回復します。症状が出て48時間たっていなければ、抗ウイルス薬（オセルタミビル［商品名〈タミフル〉など］）を処方してもらえるかもしれません。

インフルエンザは、肺炎などの深刻な、命に関わる合併症を引き起こすこともあるので、本当にひどい症状（高熱、セキが止まらないなど）になり、その日のうちに診察が受けられない場合、救急外来の診察を受けましょう。

▼血の混じった下痢《げり》や腹痛も起こっている

「**セリアック病**」や「**炎症性腸疾患**」（クローン病や潰瘍《かいよう》性大腸炎含む）など、腸と関節の両方に影響をもたらす自己免疫疾患の可能性があります。セリアック病の場合、グルテンフリーの食生活にすると、関節痛が消えることも多いです。炎症性腸疾患の場合は、免疫を沈静化させる薬が痛みによく効きます。

▼50歳を超えていて、両肩や腰の痛みと硬直で目が覚める

「**リウマチ性多発筋痛症（PMR）**」かもしれません。通常は70代で発症し（50歳未満はほとんどありません）、特に女性に多く見られます。免疫細胞が肩や腰の関節や筋肉に攻撃し、痛みや硬直が生じます。症状は低用量のステロイド錠剤で劇的に回復することが多いです。

PMRのおよそ5人に1人が「巨細胞性動脈炎」と呼ばれる関連疾患を併発します。顔の脇の動脈に異常が生じ、頭痛、頭皮過敏、噛《か》んでいるときのあごの痛み、視界がぼやけるなどの症状が出る疾患です。視界の異常は進行性で、高用量のステロイドで適切に治療しなければ取り返しのつかないことになります。

▼新しい薬を服用するようになってから、コレステロール値は正常になったが、筋肉に痛みも出るようになった

コレステロール値を下げ、心疾患や心臓発作を予防する薬として、スタチンは非常に人気があります。特によく使われるのがアトルバスタチン（商品名〈リピトール〉など）とロスバスタチン（商品名〈クレストール〉など）です。スタチン関連の筋肉痛は大きな話題になっていますが、スタチン反対派がいうほどたくさんの問題が起こっているわけではありません。イスから立ち上がるとき、階段を上るとき、腕を頭上に上げるときなどに痛みを訴える人が多いです。

痛みの原因が、実はほかの疾患（甲状腺《せん》疾患、ビタミンD濃度の低下など）からきていたり、スタチンとほかの薬、たとえばコルヒチン（痛風の薬）、ナイアシンやフィブラート（コレステロールの薬)、シクロスポリン(免疫抑制薬)、ステロイドなどとの相互作用だということもあります。また、グレープフルーツジュースがスタチンの血中濃度を上げ、筋肉痛を引き起こすこともありますが、これは1日に8オンス(約236・6ミリリットル)以上を定期的に飲んでいる場合にかぎります。

スタチンによる筋肉痛が起こっていると感じたら、主治医に相談してください。ほかのスタチンに切り替えれば問題が解決することもあります。スタチンがコエンザイムQ10濃度を下げることはわかっていますが、コエンザイムQ10のサプリメントがスタチン関連の筋肉痛を予防するという明確な証拠は、これまで見つかっていません。

▼尿路感染症や下痢で抗生剤を投与し、関節の一つに急激な痛みと腫れが生じた

尿路感染症や下痢のときに処方されるシプロフロキサシンなどの抗生剤は、筋腱の炎症や、ときには断裂を引き起こすことがあります。リスクが最も高まるのは運動中です。投薬が終わるまでは、運動メニューを控えめにしましょう。投薬中に関節やその近辺に急激な痛みが襲ってきたら、すぐに主治医に連絡してください。

▼最近、森か深い草むらの中を歩きまわり、その後関節痛が出ている

マダニに噛まれることでボレリア・ブルグドルフェリと呼ばれる細菌に感染する、「**ライム**

病」の可能性があります。多くの場合、ライム病の最初の兆候は、的の中心の同心円に似た発疹《ほっしん》で、中心に大きな赤い点があり、その周囲をさらに赤い輪が囲んでいます。ほかに、発熱、寒け、体の痛みなどの症状があります。その後何週間ないし何ヵ月かにわたり、もとの関節からほかの関節へと痛みが移動します。血液検査で診断を行います。抗生剤が効果的ですが、数週間は投与が必要です。

▼無防備な一夜（あるいは昼下がり？）を過ごし、何日ないし何週間か後になって、2～3ヵ所の関節に痛みが出て、皮膚に病変が見られるようになった

「**淋病**《りんびょう》」は、関節や皮膚といったところにまで広がる疾患です。手足に散らばった小さな吹き出物みたいな皮膚の病変が現れ、痛みは複数の関節に同時に起こります。生殖器《せいしょく》周辺の分泌物《ぶんぴつ》といった、よくある性感染症の兆候は見られません。

淋病の診断は、尿、血液、関節液などの検査で行われ、抗生剤で治療を始めます（セックスのパートナーにも治療が必要なことを知らせなければなりません）。

▼筋肉がたえず痛み、過敏になり、休んだ後も回復しない

ストレス、激しい運動、睡眠不足、寒さなどによって広い範囲の筋肉痛が起こる「**線維筋痛症**」かもしれません。痛みのほか、疲労、麻痺《まひ》、むずむず感、頭痛、不眠、集中力欠如、うつなどの症状が出ます。定期的に運動し、リラクゼーション（瞑想《めいそう》など）をひんぱんに行うことで、症状は大幅に改善します。

よくならなければ、薬を処方してもらうことになります。抗うつ薬（デュロキセチン［商品名〈サインバルタ〉］、アミトリプチリン）、抗てんかん薬（ガバペンチン、プレガバリン［商品名〈リリカ〉］）などが特に効果的です。

▼足の親指に、急激な痛み、赤み、腫れが生じた

「**痛風**」かもしれません。痛風は、関節に形成された尿酸の小さな結晶に免疫細胞が反応して炎症を起こす疾患です。よく足の親指に症状が出ますが、ひざ、足首、手首、ひじなどにも同様の症状が起こります。可能ならその日のうちに診察を受けてください。初めての発症なら、関節液を採取して診断することになります。

痛風発作は鎮痛薬で治療しますが、ステロイドを使うこともあります。発作予防の薬（コルヒチン、アロプリノール、フェブキソスタット）も医師が処方してくれるでしょう。血圧を下げるために利尿薬を使っている場合は、利尿薬が発作のリスクを高めるため、医師と相談してほかの薬に切り替えるようにします。

痛風の発作を抑えるためには、肉、魚介、フルーツジュース、高脂肪乳製品（全乳、アイスクリーム）、炭酸飲料、キャンディなどの食品を減らすべきです。また、水分をよくとり、できれ

ば体重を減らしましょう。また、サクランボを定期的に食べると発作予防になるといわれています。

レベル3 救急外来を受診すべきケース

▼関節の一つが腫れた、熱を持った、赤みを帯びた、強い痛みが出たなどの症状が最近あった

痛風発作（前の項目参照）かもしれませんが、関節の内部で細菌感染が起こっていることも考えられます。後者の場合、すぐに一掃して抗生剤で治療しなければ、ひどい損傷を被ることもあります。正確な診断には、針を使った関節液の採取を行います。

▼太ももや肩に痛みがあり、尿が暗い赤や茶色に変色している

「**横紋《おうもん》筋融解症**」と呼ばれる広範な筋肉の融解が起こり、筋肉の痛みや腫れを起こしている可能性があります。融解した筋線維の成分が、尿を暗い赤に変色させたり、腎臓の閉塞《へいそく》を起こしたりして腎不全につながることがあります。横紋筋融解症を引き起こす原因は、圧挫傷《あつざしょう》、長期間にわたる不動状態（歩けなかったり一定の姿勢でしかいられない人に起こりやすい）、過剰な運動、てんかん、心臓発作、一部の薬（スタチン、コルヒチン）、アルコールなどいろいろあります。

第8章 皮膚と髪

多汗

編集／マーク・アイゼンバーグ（コロンビア大学医療センター准教授）、クリストファー・ケリー（コロンビア大学付属NYプレスビテリアン病院循環器内科医）

脇汗のせいで腕を上げられないですか？　初めてのデートで出かけてきたのに、まるでたった今泳いできたみたいだし、高校の更衣室みたいな臭いがしそうで心配ですか？

汗が蒸発することで体は涼しくなりますし、ひたい、手のひら、足の裏など、何百万という汗腺《かんせん》が全身にあります。休みなく動けば、人は毎日数リットル《リットル》の汗をかくことになります（水のボトルを忘れてジムに行ってしまったら、そのことを思い出してください）。

ひたいや手のひらの汗は、写真撮影や握手が恥ずかしいことはありますが、それほどひどい臭いはしないものです。臭いの原因となる場所は、脇の下や股間《こかん》などにある汗腺の集まりです。ほかで出る水っぽい汗より、濃くてにごった特殊な汗が出る場所です。皮膚の細菌《さいきん》はこの濃いご馳走《ちそう》を楽しみ、そして発する臭いがその人の体臭になります。もっと原始的な時代は、その臭いが生殖《せいしょく》行為の相手を惹きつける助けとなっていました。脇の下や股間の毛は汗を吸うスポンジがわりとなり、その特徴的な臭いを維持します。

汗は体温に関係なく大量に出ることがあり、そのことへの不安や恥ずかしさが生活の支障になることもあります。およそ20人に1人が、過剰な汗、つまり多汗に悩まされています。英語には

「ブタのように大汗をかく」といういいまわしがありますが、まずそんなことはありえません。実のところ、ブタは汗をかかないので、正確には誰もがブタ以上に汗をかいているのです。

予備のシャツを職場に持参するしかないのでしょうか？　それとも、医者に相談してみるべき？（病院に行く前にシャワーは浴びましょう。待合室にはほかの患者さんもいますので）

レベル1　落ち着いて対処すればいいケース

▼汗かきの血を引いている

手のひら、足の裏、脇の下などに過剰な汗をかく場合、「**原発性多汗症**」を遺伝的に受け継いでいるのかもしれません（次の家族との夕食で、脇汗をかいている誰かがいないか観察してみてください）。こうした問題は25歳になるまでに始まりますが、睡眠中は起こりません。皮膚感染症のリスクがあるほかは、特に危険な症状でもありません。とはいえ、ほかに原因がある可能性もあるので、かかりつけ医には伝えておきましょう。

アルミニウムベースの制汗剤がいいですが、効果を最大限にしたければ夜のうちに使いましょう（アルミニウムは眠っている間に汗腺を封じて乾燥し、翌朝シャワーを浴びても落ちることはありません）。また、1日おきに靴を替え、どの靴にも完全に乾く時間を与えるようにしたり、リラクゼーションで神経を落ち着かせたりしましょう。

こうした手段もうまくいかなければ、医師に相談し、処方用量のデオドラント剤を出してもらいましょう。さらにどうしてもなんとかしたい人には、気になる場所にボトックス注射をするという方法もあります。ボトックスは汗腺を麻痺《まひ》させ、乾いた状態を保つ助けになります。

▼ホットフラッシュ（ほてり）が起こる

閉経期の女性に多い症状として、顔や胸が一時的にほてる、「**ホットフラッシュ**」と呼ばれる熱波のような現象があります。何年かにわたって続くため、生活の深刻な支障になることもあります。考えられる原因はエストロゲンの減少で、それによって体温のコントロール中枢《ちゅうすう》が阻害されるのです。

単純な解決策としては、重ね着をして、フラッシュが起こったらすぐに脱げるようにしておくことです。症状がひんぱん、もしくはひどい場合は、医師と相談し、ホルモン補充療法でエストロゲン値を正常に回復させると、フラッシュもおさまります。ホルモン療法をさけたければ、抗うつ薬として使われる薬にも、フラッシュを抑えるものがたくさんあります。

▼カゼやインフルエンザの苦痛のさなかにいる

感染症にかかると、体は体温の目標を高く設定します。人は着込んでふるえることで、その目標を達成しようとします。それが発熱です。高熱は、実際には感染症と闘う助けになっていると考えられています。感染症が過ぎ去ると、体は体温の目標を正常値にリセットし、熱を下げるために大量の汗をかきます（ちなみに、熱を下げるためにアセトアミノフェン［商品名〈タイレノールA〉など］などの薬を投与すると、汗が出て、感染症が終わる前に熱が下がります）。

しかし、汗が1～2日続く場合は、感染症が長引いているか、もっと悪い何かにかかっている可能性があります（次の「診察を受けたほうがいいケース」参照）。

レベル2 診察を受けたほうがいいケース

▼体重が減っている

新陳代謝が全般的に活発になると、体重減や過剰な発汗につながることがあります。ひんぱんな汗や体重減（継続的な運動をしていない場合）は、甲状腺機能亢進《こうしん》症、一部のがん（リンパ腫《しゅ》など）、感染症の始まり（エイズや結核）、全般性不安障害などの兆候かもしれません。血液検査などで原因を調べましょう。

▼シーツがびしょ濡れになるほど寝汗をかく

寝汗とは、シーツやパジャマを替えなければならないほどひどい汗のことをいいます。命に関わる疾患《しっかん》の兆しということもあれば、まったくなんでもないこともあります。何はさておき、まず寝ている間に部屋が暑くなりすぎないようにして、眠れないほど圧迫感のある厚い掛け布団を使うのもやめましょう。糖尿病の人は、眠っている間に血糖値が下がって発汗することがあるので、夜中に血糖値を調べてみましょう。

胃酸逆流（１４７ページ参照）も寝汗の原因になることがあり、口の中に苦みを感じて目が覚めるようならその可能性があります。ベッドの頭側を高くし、胃から酸を除く薬を服用してみてください。回復しないようなら医師に相談し、甲状腺疾患や感染症やがんなど、新陳代謝が増すような疾患がないか調べてもらいましょう。

▼インスリンを投与している

糖尿病で、血糖値を下げるためにインスリンを投与している場合、できれば定期的にさまざまな数値を調べたほうがいいでしょう。糖尿病ではないとしても、ひんぱんな発汗は低血糖の兆候かもしれません。血糖値測定器を手に入れ、汗をかき始めたら血糖値を調べてみてください。血糖値が60を下回っていたら、すぐにジュースなどを飲み、正常範囲の値に戻しましょう。すぐに主治医に相談し、インスリン投与量を調整してもらったほうがいいでしょう。

▼一時的にひどく発汗し、頭痛や動悸《どうき》などの症状も一緒に出る

「褐色細胞腫《かつしょくさいぼうしゅ》」と呼ばれる、周期的にアドレナリンを解放するめずらしい腫瘍ができている可能性があります。一般的には副腎《ふくじん》（腎臓の右上にある器官）にできる腫瘍です。褐色細胞腫ができると血圧も上がることが多いです。血液検査と尿検査で診断します。

▼一時的にひどく発汗し、何もできなくなるような恐怖が襲ってくる

「パニック発作」かもしれません。急激に起こる発作で、恐怖とともに、発汗、息切れ、胸痛、動悸などの症状が出ます。くり返し発作が出るパニック障害は、通常は20～30代で発症し、女性が男性の2倍に上ります。何もできなくなってしまう障害ですが、効果的な治療法はたくさんあるので、できるだけ早く診察を受けましょう。

▼薬を投与している

発汗、ほてり、寝汗の原因になる薬はいろいろあります。特に抗うつ薬は、服用者のおよそ15％が発汗を経験します。そのほかにも、アセトアミノフェン（商品名〈タイレノールA〉など）や非ステロイド性抗炎症薬（ＮＳＡＩＤｓ）などの鎮痛薬も、特に熱冷ましのために使うと発汗することがあります。

心臓の薬（ナイアシン、カルシウム拮抗《きっこう》薬、ニトログリセリンなど）、片頭痛の薬（トリプタ

ン系薬）、前立腺がんや乳がんの治療に使われるホルモン薬、シルデナフィル（商品名〈バイアグラ〉など）などにも発汗の副作用があります。投与中の薬をやめたい場合は、必ず前もって主治医に相談してください。

▼アルコールを大量に飲む

アルコールは人によってほてりや発汗を引き起こすことがあり、特に新陳代謝を停滞させる遺伝的変異を持っている人に多く見られます（アジア系に顕著）。大酒飲み（1日4〜6杯以上飲む人）が突然禁酒すると、その間は大量に汗をかき、吐きけ、嘔吐《おうと》、不眠、動悸、ふるえ、興奮などの症状を伴うことがあります。

放置しておくと、発作などの命に関わる合併症を引き起こすこともあります。禁断症状は、禁酒して1〜2日たったころから始まるのが普通です。アルコールの禁断症状だという自覚があり、その日のうちに診察が受けられない場合は、救急外来に向かってください。

レベル3 救急外来を受診すべきケース

▼高熱（40度C以上）がある

感染症や脳の疾患など、大きなストレス因子に体が反応し、汗をかくことで体温を下げようとしていると思われます。すぐに診察を受けてください。原因となっている問題だけではなく、ひどい高熱（40度C以上）に対処しないと、体内器官に深刻な問題が起こりかねません。

ほかに原因として考えられるのは熱中症で、こちらも同じくらい危険です。長時間暑い環境にいて、体温をコントロールできなくなると発症します。

ちょっと診察　しつこい熱

熱っぽくてつらい？　発熱にはほかの症状が伴うことが多いですが、発熱だけ起こることもあります。その場合、薬を服用し、仕事を休んで自宅で休み、ただ過ぎ去るのを待つべきなのでしょうか？　それとも、体がもっと深刻な警告をしようとしているのでしょうか？

まず、基本を振り返りましょう。脳は通常、かなり厳密な範囲で体温を制御しています。体温は、正常な新陳代謝、もしくは運動によってカロリーを燃焼させることで生じ、服の下でおだやかに熱を発します。体温が高すぎると脳が服を脱ぐよう働きかけ、皮膚から熱を発散しようとします。皮膚の温度を下げるために汗も出ますし、呼吸からも熱が失われます。体温が低くなりますぎると、脳がまた服を着るように指示してきて、ふるえながらカロリーを燃焼し、熱を生み出して体を温めます。

発熱とは通常、38度Cを超えた体温のことをいいます。熱があるというときは、たいていは体が感染症と闘うために体温の目標を上げているときです（体温が高くなるほうが、体への侵入者にとっては厳しい環境になります）。とはいえ、がん、自己免疫《めんえき》疾患、血栓《けっせん》、脳の損傷、深刻な身体的ストレスなど、感染症以外の原因が発熱を引き起こすこともないとはいえません。

発熱単独の症状そのものは、よほどの高熱でないかぎり危険はありません（40度Cを超えたら救急外来の診察を受けてください）。1～2日様子を見ているうちに、潜在的な原因が明らかになってくることが多いです。しばらくはアセトアミノフェン（商品名〈タイレノールA〉など）を服用し、熱に対処しましょう。

カゼの症状（鼻詰《づ》まり、鼻水、副鼻腔《びくう》炎）やインフルエンザの症状（あちこちの筋肉痛、頭痛、疲労、セキ）、もしくはほかの感染症の症状もいっさいなく、熱が3日以上続いた場合は病院に行きましょう。体内感染（たとえば心臓の内部など）か、ここで説明してきたほかの疾患の可能性があります。熱の持続日数や血液検査の結果により、医師がスキャン検査などで診断を下すことになるでしょう。

皮膚のかゆみ、発疹

編集／リンジー・ボードン（コロンビア大学付属NYプレスビテリアン病院皮膚科助教）

皮膚は体の器官の中でも抜きん出て大きなものです。もし人間の皮膚をすべて剥《は》いだら、550～850０ム《グラ》ほどになります。皮膚は、表皮（一番外側の防水層）、真皮（汗腺《かんせん》と毛包のある層）、皮下組織（結合組織と脂肪）の3層でできています。

とはいえ肌は、人を美しく見せ、体内器官に余分な水分が行かないようにし、最近ビーチに行ったという痕跡《こんせき》を残すためだけにあるのではありません。感染症から体を守り、体温を調節し、水分が失われないよう保護し、ビタミンDなどの重要な化学物質を生成するという役目も果たしています。

残念ながら、乾燥、発疹《ほっしん》、感染症などによる損傷を受けた皮膚が、見ための悪い不快な外観になることはめずらしくはありません。たとえば発疹が出た場合、きちんと皮膚科医の診察を受けるべきでしょうか？

レベル1 落ち着いて対処すればいいケース

▼目に見える発疹はないが、皮膚がかゆい、ぼろぼろと剥がれる、ピンと張り詰《つ》めているなどの症状がある

単なる乾燥肌かもしれません。寒い気候（湿度が下がる）や年齢が上がることでリスクも上がります。石けんやボディソープを保湿効果のあるものにしましょう。シャワーや風呂の後は、水けを拭《ぬぐ》い取るのではなく、タオルで軽く叩くようにして取りましょう。

風呂上がりを含め、1日に2回は保湿ケアをしましょう。特に手が乾燥する場合、手を洗いすぎているか、皿洗いなどの水仕事をひんぱんにやっているかです。手を洗った後はすぐ保湿ケアをし、手を濡らさないために必要に応じて手袋を使うなどしましょう。

肌の乾燥がひどいときは、ワセリン成分の保湿剤（商品名〈ヴァセリン〉など）を使いましょう。乾燥肌はかゆみやひび割れで感染症の素因を作りやすいため、市販の保湿剤だけでは症状がおさまらない場合、病院に行きましょう。

▼ハンドソープや洗剤のブランドを変えた後、皮膚が赤くなってかゆみが出た

ハンドソープや洗剤に含まれる化学物質に皮膚が反応することはよくあります。無添加、もしくは、余分な匂いや蛍光増白剤を含まない、肌に優しい商品に変えましょう。

▼1日陽射しの下にいると、肌が焼け、痛み、赤くなる

ひどい日焼けは、日光浴の残念な痕跡だけにとどまりません。年を取ってから皮膚がんのリスクを大きく高める要因でもあります（思春期のころに5回日焼けしただけで、メラノーマ［悪性黒色腫《しゅ》］になるリスクは80％も上がるのです！）。必ずさけるようにしましょう。

1日中日光にさらされるときは、紫外線B波（UVB）をカットするSPF30以上の日焼け止めを、手のひらにたっぷりの量を塗り、2時間ごとに塗りなおすようにしましょう。泳ぐのであれば、タオルで体を拭《ふ》くたびに日焼け止めを塗ります（「耐水性」という注意書きがあっても同様です）。日光を浴びるのはほんの短い時間だけという場合も、最低でも顔には日焼け止めを塗りましょう。

日焼けしてしまったら、水分を十分にとり、カラミン・ローションかアロエベラを日に焼けた箇所に塗りましょう。痛みが強ければ、イブプロフェンを含む薬を服用してください。水ぶくれができても潰してはいけません。自然に破れたときは石けんと水でそっと洗い、市販の抗生作用のある塗り薬を塗り、絆創膏《ばんそうこう》を貼《は》っておきましょう。広い範囲のやけど、大きな水ぶくれ、頭痛、強い痛みなどがあるときは、すぐ病院に行きましょう。

▼妊娠中

妊娠期間中は肌に影響するホルモンの値が変化するので、皮膚のかゆみや乾燥はよくあります。さらに、アトピー性皮膚炎の既往がある女性は、妊娠期間中に症状が悪化するかもしれません。

また、それほど多くはないケースですが、妊娠中の女性がかかる皮膚疾患《しっかん》として、「**妊娠性掻痒《そうよう》性じんましん様丘疹《きゅうしん》**」と呼ばれるものもあります。かゆみ、腹部の赤い吹き出物（妊娠線の周辺が多い）などの症状が出ます。危険な疾患ではなく、2〜3週間で消えますし、ステロイドの塗り薬で改善します。

妊婦がなりやすいもっと深刻な疾患としては「**妊娠性肝内胆汁《たんじゅう》うっ滞**」があり、肌や目が黄色くなり、特に手のひらや足の裏に強いかゆみが出ます。この疾患は重度の肝疾患に進行することがあるので、すぐに検査が必要です。

▼肌がかゆく、環状の赤い発疹が出ている

「**白癬《はくせん》**」と呼ばれる真菌《しんきん》性感染症かもしれません。英語では「輪の虫（ｒｉｎｇｗｏｒｍ）」と呼ばれますが、ありがたいことに虫が関係しているわけではありません。この名前は、隆起《りゅうき》した発疹が赤いイモムシのように見えるところからきています。白癬菌は伝染性で、ペットが媒介して広がることもあります（ペットがつねに人間の最高の友だちとはかぎらないということです）。

クロトリマゾールを含む市販の抗真菌薬クリームを、1日1回、2週間塗ってください。

▼足に水虫がある

水虫は皮膚真菌症の一つで、かゆみのあるうろこ状の赤い発疹が、足、特に指の間にできます。この発疹は、手のひら、股間《こかん》（いわゆるインキンタムシ）、ももの内側、臀部《でんぶ》などにも広がることがあります。テルビナフィン（商品名〈ラミシール〉など）の抗真菌薬クリームやスプレーを1～4週間使うことで治療できます。それでもよくならないときは、経口の抗真菌薬を処方してもらう必要があるかもしれません。

感染をさけるには、菌が息をひそめていそうな共用のシャワーエリアへはビーチサンダルで行くようにしましょう。また、足が温まったり汗をかいたりすると、菌の増殖《ぞうしょく》にうってつけの環境となるため、前もって抗真菌フットパウダーをはたいておくといいでしょう。

▼鼻や頬《ほお》、またはその両方がいつも赤く、一部の血管が浮き出て見える

30歳を超えた喫煙者や色の白い女性によく出る、「**酒《しゅ》さ**」と呼ばれる慢性の疾患かもしれません。アルコールを飲む、辛い物を食べる、陽射しの中で過ごす、運動する、非常に寒い（暑い）日に外出するといった行為により、赤みがひどくなることが多いです。また、ニキビに似た吹き出物が顔に出たり、鼻や頬の皮膚が厚くなったり（酒さ鼻）、ドライアイの症状が出ることもあります。

残念ながら、酒さを完治させる治療法はありません。保湿剤や日焼け止めを使ったり、前述し

た行動を控えたりすることで多少はよくなります。症状がひどいままであれば、皮膚科医が抗生剤などの追加治療を提供してくれるかもしれません（メトロニダゾールのゲル剤など）。

▼イボのようなものができている

およそ半数の人間の正常な皮膚に、「**軟性線維腫**」と呼ばれるでき物が現れます。茎部《けいぶ》によって皮膚からぶら下がる、イボのようなものです。危険はありませんが、目立ってわずらわしければ、医師に相談して除去することもできます。

▼トコジラミに噛《か》まれた？

朝、目が覚めると、赤くかゆみのある小さなふくらみが体にできていることがありませんか？トコジラミに噛まれたのでしょうか？　予防措置《そち》のために家ごと燃やしたい気分になっていませんか？　トコジラミは、恐れられているもののめったに姿を現すことはなく、マットレスの下や家具の裏などに隠れています。成虫は5～8ミリ《ミリ》ほどの大きさです。隣家や中古の家具、スーツケース、その他トコジラミがいた部屋にあったものにまぎれ、家の中に入り込みます（旅行先ではスーツケースをベッドや床に置きっぱなしにせず、折りたたみ式のスーツケースラックを使ったほうがいいと思います）。

トコジラミは血を吸うのが好きですが、光を嫌うので、襲ってくるのは夜だけです。顔、首、腕、手など、肌が剥《む》き出しになっているところが狙われます。噛まれると、かゆみのある赤いふくらみが1週間ほど残ります。ステロイドの塗り薬や経口の抗ヒスタミン薬（ジフェンヒドラミンなど）でかゆみは和らぎます。

トコジラミかどうかを調べるには、害虫駆除《くじょ》サービスに家を調べてもらうことです。もし家にいることがわかれば、駆除も頼みましょう。トコジラミが見つからなければ、ほかの原因による発疹かどうか、病院で調べてもらいましょう。

レベル2 診察を受けたほうがいいケース

▼全身に2週間以上続いているかゆみがあるが、保湿剤を使うと改善する

まれなケースですが、腎臓《じんぞう》、肝臓、甲状腺、神経、血球などの疾患から、皮膚のかゆみが生じることがあります。血液検査により、もっと一般的な原因の検査を行うことができます。

▼新しい薬の投与を始めたばかり

鎮痛薬、抗生剤、抗真菌薬など、さまざまな薬が発疹やかゆみの原因になることがあり、通常は5～7日ほど続きます。新しい薬の投与を開始して発疹が出たら、すぐ主治医に連絡してください。発熱や口の痛みなどが出たら、さらに深刻な薬物反応の可能性があるので、すぐ救急外来へ向かってください。

▼ひじ、ひざ、頭皮にかゆみがあり、皮膚がぼろぼろ剥がれる

周囲の正常な肌と比べてはっきりとしたまだら模様が出ていれば、「**乾癬**」かもしれません。銀白色の斑点《はんてん》が出ることもあり、濡らしたりローションでこすったりすると消えます。背中の下部、手、足、耳などにも出ることがあります。乾癬は自己免疫《めんえき》疾患なので、通常はステロイドの塗り薬などで治療し、重度の場合は免疫抑制薬を使います。

▼子どものころから、首、ひじ、ひざのしわの部分に、かゆみのある乾燥した発疹が出ている

「**アトピー性皮膚炎**」かもしれません。通常は子どものころに発症し、その後消失する人もいれば、成人しても治らない人もいます。喘息《ぜんそく》や食物アレルギーも持っているアトピー性皮膚炎患者が数多くいます。

皮膚の炎症をさけるには、保湿剤を使い、長いシャワーをさけ、シャワーにも風呂にもぬるめの湯（熱い湯ではなく）を使い、発疹の原因になるもの（特定の石けん、食品、ストレス、発汗など）はすべてさけることです。軽い炎症の治療であれば、保湿剤と低用量のステロイドの塗り薬のみで大丈夫ですし、処方箋《せん》がなくてもドラッグストアで買うことができます。

かゆみがひどいときは、ジフェンヒドラミンなどの抗ヒスタミン薬を使います。さらに症状が悪化したら、処方用量の塗り薬か、光線療法（皮膚を意図的に紫外線にさらす治療法）で治療します。何度も強く引っかくと皮膚が傷つき、感染症になることがあるので気をつけましょう。

▼肌に痛みと熱を持った赤い部分があり、発熱と寒けも起こっている

「**蜂巣炎**《ほうそう》」かもしれません。皮膚とその下のやわらかい組織の感染症です。感染してふくらんだ部分はやわらかめで、膿瘍《のうよう》になることもあります。感染症が進行するにつれて皮膚の病変も大きくなり、赤い筋《すじ》が正常な皮膚にも広がっていきます。抗生剤の治療が必要です。膿瘍ができている場合は排膿の処置もしなければなりません。すぐに診察が受けられない場合、救急外来に向かってください。

▼体や顔の片側に痛みが生じ、その後水ぶくれのような発疹が出た

水痘《すいとう》ウイルスの再活性化による「**帯状疱疹**《ほうしん》」かもしれません。ウイルスは神経を経由し、顔、胸、背中などの片側の皮膚に移動します。初期段階で診断できれば、抗ウイルス薬による治療が効果的です。発疹が改善した後も、ウイルスにより強い痛みが数週間続くことがあります。進行中の痛みがあるときは、薬で痛みを緩和できることもあるので、必ず医師に伝えてください。まれにウイルスが目に影響を及ぼし、視野が失われることもあります。

50歳を超えている場合は、合併症予防のために帯状疱疹のワクチンを受けるべきかどうか、医師と相談してください。

▼指、手首、脇の下、生殖器、ひざ、足などに、強いかゆみのある発疹ができた

「**疥癬**《かいせん》」かもしれません。小さなダニによって伝染する疥癬は、通常は直接、または家族や同居人との長期的な皮膚接触によって感染します。ダニが皮膚にもぐり込むと、強いかゆみや小さな赤い斑点が生じます。発疹は体のあちこち（特に前述の部位）に広がりますが、普通は頭や背中には症状が出ません。夜になるとかゆみが悪化します。

疥癬の診断が出たら、特殊な塗り薬を12時間（通常はひと晩）皮膚に塗り、ここ3～4日間であなたが寝たり座ったりした場所をきれいにしてください（ベッドのシーツやソファのクッションなどを洗濯しましょう）。模様替えをするなら今です！

▼だんだん大きく、黒っぽくなっていくほくろがある

ただのほくろも、時間がたつうちに、「**メラノーマ**」と呼ばれる危険な皮膚がんになることがあります。また、新しいほくろがすでにメラノーマだということもあります。あなたの主治医が危険そうなほくろをを見つけるためには、全身を定期的に検査することが必要です。とはいえ、危険といえるのはどんなほくろなのでしょう？

医師がよく使う、危険な兆候の「ABCDEチェックリスト」があります。非対称（Asymmetry）、不規則な境界線（Border）、変化のある色（Coloring）、直径（Diameter）6ミリ以上（鉛筆についた消しゴムより大きいサイズ）、進展（Evolution：新たにできた、もしくは変化している）の頭文字を取ったものです。病変部が隆起したり分厚くなっていたりするのもよくない兆候です。メラノーマは早期の発見と治療が重要で、治療が遅れると生存率が大きく下がります。

▼両腕にかゆみがあり、だんだんいらいらするかゆさになっている

ひょっとすると、皮膚ではなく、神経に問題が生じているのかもしれません。「**腕橈《わんとう》骨筋掻痒症**」は謎の多い疾患で、神経の衝突により、首、肩、上腕、前腕などに著しいかゆみが生じるのではないかといわれています。氷で皮膚を冷やすとかゆみが減る一方、陽射しを浴びると悪化します。

市販のカプサイシン（唐辛子抽出物）の塗り薬かパッチを試してください。効果がなければ、医師に相談し、ガバペンチンかプレガバリン（商品名〈リリカ〉）など、炎症を起こした神経を沈静化させる薬を処方してもらってください。

▼赤い発疹が頬や鼻筋全体に広がり、ほうれい線のところでぱったりと途切れている

「**頬部紅斑**」（もしくは蝶形《ちょうけい》紅斑）と呼ばれる発疹だと思われます。原因と思われる疾患はいくつかあり、まず「**脂《し》漏《ろう》性皮膚炎**」と呼ばれる皮膚カンジダ症の可能性があります。前述のようなパターンでうろこ状の赤い顔面発疹が発症します。さらにひたいや頭皮にも広がることもあります。抗真菌薬とステロイドの塗り薬で治療します。

もう一つの可能性は「**酒さ**」です。325ページを参照してください。

もう一つ、まれな例ですが一番危険なケースは、特に若い女性がかかりやすい、自己免疫疾患の「**狼瘡《ろうそう》**」による頬部紅斑です。酒さと同様、狼瘡の頬部紅斑は、陽射しのもとで悪化することがあります。ただし酒さとは異なり、辛い物やアルコールの摂取で悪化することはありません。精密検査（と血液検査）により、どの疾患が紅斑の原因なのかを突き止めることができます。

▼森か深い草むらの中を歩きまわった後、的の中心のような発疹が出た

「**ライム病**」は、マダニに噛まれることでボレリア・ブルグドルフェリと呼ばれる細菌に感染して発症する疾患です。ライム病に感染しても、マダニに噛まれたことに気づくのはおよそ4人に1人です。

しかし、ライム病の最初の兆候は、「**遊走性紅斑**」と呼ばれる発疹の形で現れます。的の中心の同心円に似ていて、中心に大きな赤い点があり、周囲をさらに赤い輪がかこんでいます。2〜

3日たつうちに輪が外へと広がっていくため、「遊走性」と呼ばれるのです。初期段階では抗生剤が効果的で、関節や心疾患などの長期的な合併症もさけることができます。

▼長年にわたり陽射しの下で働いたのち、でこぼこしたかさぶたのような黄色っぽい斑点が肌にできた

おそらく「**日光角化症**」ではないかと思います。厚みのある外皮のような、サンドペーパーに似た感触の部分が、陽射しにさらされた部分の肌（顔、耳、首、頭皮、手の甲など）にできます。日光角化症は「扁平上皮《へんぺい》がん」と呼ばれる皮膚がんになることもあるため、医師の診察を受けてください。一般的な治療法は、液体窒素《ちっそ》による除去です。

▼セミのような茶色の盛り上がったイボが、肌にくっつくようにしてできている

「**脂漏性角化症**」かもしれません。通常は中年期かそれ以降に、表面がでこぼこしたイボのようなものが出ることがあります。脂漏性角化症は、ただくっついているだけで特に害を及ぼすことはありません。いずれにしても、ときどきメラノーマに似たもの（ひょっとするとメラノーマそのもの）もありますので、安全かどうか確かめるために診察は受けてください。脂漏性角化症には治療はいりませんが、わずらわしければ除去もできます。

▼**肌の下にゴムのようなしこりがあり、指で押すと簡単に動く**

「**脂肪腫**」だと思われます。皮膚の一番下の層に封じ込められた脂肪の集まりです。遺伝するタイプのしこりです。有害ではありませんが、見ためが悪ければ除去することはできます。まれに、「脂肪肉腫」と呼ばれる腫瘍に変化することがありますので、医師に定期的にチェックしてもらいましょう。

レベル3 救急外来を受診すべきケース

▼**じんましん（全身にできるまだらのような赤い発疹）ができ、舌やのどがチクチクしたり腫《は》れたりしている。吐きけ、呼吸困難も生じている**

食品か薬に対し、「**アナフィラキシー**」と呼ばれる重度のアレルギー反応を起こしていると思われます。食品では、ピーナツ、卵、魚、甲殻《こうかく》類、ナッツ類（アーモンド、クルミなど）がアレルギー反応を起こしやすいものとして知られています。

じんましんは通常、ジフェンヒドラミンなどの抗ヒスタミン薬でおさまりますが、重度のケース（呼吸困難を伴う）にはステロイドと緊急のエピネフリン注射（商品名〈エピペン〉）が必要です。

▼発熱があり、痛みのある紫色の水ぶくれが皮膚、唇、口内に出ている。目も赤くなり、痛みがある

「**スティーブンス・ジョンソン症候群**」または「**中毒性表皮壊死《えし》症**」と呼ばれる、命に関わる疾患かもしれません。まれにしか起こりませんが、非常に深刻な薬剤反応、もしくは、さらにまれなケースですが、感染症によっても起こります。皮膚が文字どおり体から剥離《はくり》し、顕著な体液喪失と感染症を引き起こします。患者は熱傷専門治療室で治療を受ける必要があります。

抜け毛

編集／リンジー・ボードン（コロンビア大学付属
NYプレスビテリアン病院皮膚科助教）

自然の残酷《ざんこく》ないたずらですが、男性は頭髪を失うことがよくある一方で、首の毛だったり、背中の毛だったり、そういう場所の毛はふさふさと残っていたりします。筋《すじ》の通らない話ですよね。頭皮が日焼けしてしまうのに、人間の進化はそれを放置しています。日焼け止めのローションをはげ頭に塗れというのでしょうか？

抜け毛、もしくは脱毛症は、男女どちらにも大きな影響を及ぼします。男性は30代後半あたりから、ブラシに前より多くの抜け毛を見つけるようになります。たいていの抜け毛は、両親から引き継いだ遺伝子によって起こります。母方の祖父から伝えられるという話にはなんの根拠もありません。

頭髪の正常な成長には三つの段階があります。頭髪の90%は、頭髪の「成長期」において、何年もかかって最大限の長さに伸びます。残りの頭髪はすでに「退行期」で毛包から抜けかかっているか、「休止期」に入ってある種の苦行に耐え、頭から離れてシャワーの排水溝へと去って行きます。

抜け毛は加齢の正常な過程であり、潜在的な疾患《しっかん》の兆候ではありません。ただし、まれにですが、ストレス、病気、ホルモンバランスの変化によって生じることもあります。この場合、救急車はどこに向かえばいいのでしょうか。病院、それとも脱毛治療のサロン？

レベル1 落ち着いて対処すればいいケース

▼抜け毛が多い気がする

1日に100本の頭髪が抜けるのは正常です（本当に数えたりしないでください）。ありがたいことに、1日に100本の新しい頭髪が生えてくるのも正常です。失うものと得るもののバランスが取れているかぎり、頭皮には10万〜15万本の頭髪があるということです。

▼父親と同じように（母親ということもありうるが）、頭がはげている

「**男性型脱毛症**」とは、男性および女性の禿頭《とくとう》症の正式名称です。一般的に、白人男性のおよそ半数が、50歳までに頭髪が抜けてきます。女性はもう少し長く頭髪を保ちますが、それでも3分の1が70歳までに頭髪が抜けてきます。男性の大半は頭頂部や頭の前部から髪が抜け、両脇には残ります。女性の場合はもっと全体的に髪が減っていきます。343ジペーの「ちょっと診察」でも説明するように、禿頭を治療するための薬や処置法はたくさん開発されていますが、結果はさま

ざまです。ほかの選択肢として植毛術があります。自分の頭皮（必要なら体の別の場所）に残っている健康な毛包を、毛が抜けた場所に移植する方法です。この方法を選ぶのであれば、実際の過去の患者の写真を必ず見せてもらい、どんな仕上がりになるか確認したほうがいいと思います。

▼髪をしきりにばさばさと振りまわしている

たえず髪を引っぱったり、振りまわしたり、揺らしたり、あるいはポニーテールのようなきっちりとした髪型にしていると、頭髪は失われやすくなります。「**牽引性《けんいん》脱毛症**」と呼ばれますが、引っぱられている髪の一部のみが影響を受けます。そろそろ髪を下ろして、自由にしてみてはどうでしょうか。

レベル2 診察を受けたほうがいいケース

▼ずっと疲労を感じているが、薄毛を気にしてひと晩中悩んでいるせいではない

甲状腺《せん》疾患や鉄分不足の貧血が、抜け毛やスタミナ減退の原因になることがあります。甲状腺機能の低下では持続的な疲労が起こる一方、貧血では息切れや体力の減少が生じます。簡単な血液検査で原因を突き止め、治療法を検討してもらいましょう。

▼大きなストレスからようやく逃れたとたんに頭がはげてしまった！

手術、体重減、出産などの強いストレスや心にこたえる経験が、頭髪を休止期に追い込んでしまうことがあります。休止期は平均して3ヵ月続くため、大半の頭髪は、ストレスから立ち直った後に抜け始めます。これを「**休止期脱毛症**」と呼びます（「踏んだり蹴ったり脱毛症」とでも呼んだほうがいいかもしれません）。

幸い、髪が抜けてもまた生えてきますが、その過程を速める方法はないので、場合によってはかつらが必要かもしれません。これが本当に休止期脱毛症かどうかは、念のため医師にも確認したほうがいいと思います。

▼薬剤投与を見直す必要があるかもしれない

抜け毛を誘発する可能性のある薬には、化学療法の薬、ワルファリン、ステロイド、経口避妊薬、リチウム、アンフェタミン、ビタミンAサプリメントなどがあります。どの薬も、やめて2～3ヵ月以内には頭髪が再び生えてきます。薬をやめる場合は必ず前もって主治医と相談しましょう。

▼小さな円形状に毛が完全に抜けてしまった

「**円形脱毛症**」かもしれません。体の免疫《めんえき》細胞が、毛包の一部に誤った攻撃を仕掛けて起こる症状です。およそ50人に1人、通常は30歳になる前に発症します。コインくらいの大きさの範囲で頭髪が抜けてつるつるになり、その周囲は短い毛の境界線に囲まれます。まれなケースでは、あごひげ（顎髭《あごひげ》脱毛症）、頭髪（全頭脱毛症）、全身の体毛（全身性脱毛症）がすべて抜けてしまうことがあります。

患者のおよそ半数は1年以内に再び毛髪が生えてきますが、抜け毛は再発する場合があります。抜け毛が起こった部分にステロイド注入（免疫をブロックするため）を行うことで改善するかもしれません。幸い、こうした脱毛症が出ても、さらに危険な自己免疫疾患につながるということはありません。

▼小さな範囲の抜け毛が起こり、かゆみやぴりぴりした感覚がある

「瘢痕《はんこん》性脱毛症」かもしれません。毛包が壊れることによる重度の脱毛症です。率直にいうと、抜けた髪は戻りません。影響を被った箇所は、境界が不規則で、かゆみやぴりぴりした感覚があります。早期診断で広がりを止めることが重要で、ステロイド薬の塗布や注入を行います。皮膚科で皮膚の生体検査（生検。たいして痛くありません）を行って診断します。

瘢痕性脱毛症にはさまざまなタイプがありますが、黒人女性に多く見られるものに、**「頭頂部遠心性瘢痕性脱毛症」**があります。抜け毛が頭頂部から始まり、外へと広がります。ほかによく見られるものとして、**「毛孔性扁平苔癬《もうこうせいへんぺいたいせん》」**や**「前頭線維化脱毛症」**があります。

▼蝶形紅斑《ちょうけいこうはん》（332ページ参照）を伴っている

若い女性の抜け毛の原因には「狼瘡《ろうそう》」が考えられます。この場合、鼻と頬《ほお》に「蝶形」に広がる赤い発疹《ほっしん》も出ることがあります。髪は細くなったりぱさついたりするだけのこともありますが、もっと重症になると、髪が抜けてもとに戻らず、地肌の色が白っぽくなったり暗くなったりすることがあります。また、狼瘡は、心臓、腎臓《じんぞう》、関節に深刻な問題をもたらすこともあるので、心配になったらすぐに精密検査を受けることが大事です。

▼してはいけない相手とセックスしてしまった

コンドームを使うべき理由はここにもあります。性感染症が抜け毛の原因になることがあるのです。もしかすると、行動秩序を正すまでは、あなたのセックスアピールを減らしておこうという自然のたくらみなのかもしれません。抜け毛が起こる性感染症の一つは梅毒です（梅毒は現在でもあります。お祖父さんの日記にしか出てこないような病気ではありません）。梅毒により、頭のあちこちに毛が抜けた箇所がぽつぽつとできることがあり、よく「虫食い」と表現されます（髪のあちこちが小さな虫に食われたみたいになるためです）。

また、ＨＩＶ（ヒト免疫不全ウイルス）に感染すると、疾患そのもの、あるいは治療するための薬（ラミブジン［商品名〈エピビル〉など］）によって抜け毛が起こることがあります。また、理由はわかりませんが、ＨＩＶに感染した黒人は、髪がまっすぐになることがあります。

▼頭部の一部で、髪が抜け、かゆみが生じ、皮膚がぼろぼろ剥《は》がれている

真菌《しんきん》性感染症の「**頭部白癬《はくせん》**」かもしれません。菌は抜け毛の原因になるわけではなく、頭皮に生えている毛そのものを破壊します。このため、感染した箇所は小さな斑点でおおわれ、髪の根元だけが残る状態となります。この症状は感染するため、頭にはげた部分がある人からは、帽子を借りたりしないようにしましょう。

また、ひじやひざなど、体のほかの部分が乾癬にかかっていたりしたら、それが頭部白癬の原因になっている可能性もあります。皮膚科で診察を受け、適切な治療を受けましょう。

レベル3 救急外来を受診すべきケース

▼抜け毛治療の薬を服用していて、重度のめまい、錯乱、失神などが生じた

ミノキシジル、フィナステリド〈商品名〈プロペシア〉など〉、スピロノラクトンなどの抜け毛治療薬は、どれもめまいを引き起こすことがあります。また、ミノキシジルとスピロノラクトンは血圧治療にも使われる薬で、危険なほど血圧を下げることがあります。また、スピロノラクトンはカリウム値を上げることがあり、不整脈のリスクを上昇させます。これらの薬を投与していて、重度の朦朧《もうろう》感、心拍数の上昇、失神などが起こったら、すぐに救急車を呼んでください。

ちょっと診察　**薬による増毛**

髪が薄くなったりはげたりしてきた人たちも、増毛促進の薬で、多少は髪を取り戻すことができます。ただし、こうした薬は、男性型脱毛症によって髪が失われた場合にしか助けになりません。そのうえインターネットは、髪を増やすよりも財布の厚みを減らすだけじゃないかというような、いんちき療法であふれています。このため私たちはつねに、患者が主治医と協議して決めた薬を使うことをおすすめしています。

男性にとっての最善策は、頭皮に塗る外用薬（ミノキシジル）や錠剤（フィナステリド［商品名〈プロペシア〉など］）などです。フィナステリドは若年の男性に最も効果的です。おまけにこの薬は、前立腺を縮小させ、尿流が強くなります。残念なのは、男性のおよそ100人中1人に性機能不全の副作用が生じるということです。たとえ頭髪を取り戻しても、本末転倒な事態になってしまうかもしれません。

女性の場合、ミノキシジル外用薬か、スピロノラクトン（商品名〈アルダクトンA〉など）の錠剤が主な選択肢になります。スピロノフクトンは閉経前の女性にのみ効果的です。利尿作用もあるので、これまでよりトイレに行く回数が増えるかもしれません。また、高カリウム値、乳房の膨張や圧痛などの症状が出ることがあります。さらに、妊娠中の投与はできません。

重度の出血やあざ

編集／マーク・アイゼンバーグ（コロンビア大学医療センター准教授）、クリストファー・ケリー（コロンビア大学付属NYプレスビテリアン病院循環器内科医）

平均的な成人の体内には約5㍑《リットル》の血液が流れていて、500㍉㍑《ミリリットル》のペットボトル10本分になります（正確な事実かどうか立証するために血を抜かないでくださいね）。

血液は体内器官に酸素を届け、感染症と闘い、腎臓《じんぞう》や肝臓に余剰物を運び、そのほかいろいろな仕事をしてくれています。地面に流れて血だまりを作ることのないように、傷ができたら体が「血栓《けつせん》」と呼ばれる凝固した血液の濃厚な塊を作り、それが壁の漆喰《しっくい》のように傷口をおおいます。

しかし、ときには血栓ができるのが間に合わず、小さな損傷から出血やあざが生じることがあります。その結果、デート相手や同僚が慌ててしまうような鼻血から、ホラー映画ファンでさえ青ざめるような命に関わる大量出血まで、さまざまなレベルの流血が起こります。

豆知識を一つ。出血で死に至ることを、医療用語では「失血死」と表現します。しかし、人が文字どおり最後の1滴まで血を流して死ぬということはめったにありません。出血が命をおびやかす場合というのは、脳の周辺で出血が起こったり（脳が圧力を加えられて潰れた場合など）、減った血液が心臓へ適切に酸素を供給しなくなり、心臓が動かなくなってしまうときなどです。どんな医学生も最初の段階で学ぶことですが、どんな出血も止まります……最後には。

以前よりも、腕や足にすぐあざができるようになりましたか？　よく鼻血が出たり、生理が重かったりしていますか？　これは正常？　失血が増えることを心配すべき？　鉄剤が必要でしょうか？　それとも救急車を呼ぶべき？

レベル1　落ち着いて対処すればいいケース

▼ときどき鼻血が出る

1年に2～3回程度の鼻血であれば、心配しなくて大丈夫です。鼻をほじる（とりわけ爪を噛《か》む癖《くせ》があって爪がとがっている場合）、普通のカゼ（ひんぱんに鼻をかんだり拭《ふ》いたりする）などでも鼻血は出ます。また、鼻血は冬に多く、乾燥した空気が鼻の穴の内壁を刺激したり、ひび割れを作ったりすることでも起こります。寝室を保湿するだけで解決します。

高血圧が鼻血を引き起こすといわれますが、鼻血が出たのを見て血圧が上がることはあっても、高血圧そのものが原因ということはありません。両方の鼻の穴を最低20分つまんでおけば、出血は普通止まります。あまり止まらない場合は救急外来に行く必要があります。1週間に数回鼻血が出る、鼻血が止まらずに何度も救急外来に行っているなどの場合、血液凝固異常の検査を受けてみてください。

▼抗うつ薬を服用している

一番よく使われる抗うつ薬は、脳の信号をセロトニンという化学物質によって変化させる、選択的セロトニン再取り込み阻害薬（ＳＳＲＩ）です。しかし残念なことに、血栓を作る血液成分（血小板）も、血栓を作る間、信号伝達に同じ化学物質を使います。この結果、ＳＳＲＩを投与していると、出血やあざがほんの少し増加することになります。顕著な出血増加があるようなら、また別の問題の可能性があります。

▼毎日アスピリンか鎮痛薬を服用している

ＮＳＡＩＤｓ（イブプロフェン、ナプロキセンなど、よく使われる鎮痛薬）は、血小板の正常な機能を阻害し、出血のリスクを少し上昇させます。ときにはこの効果を意図的に使うことがあります。たとえば、低用量アスピリンを毎日服用することで、心臓発作や脳卒中の原因となる血栓を予防することができます。

しかし、高用量のＮＳＡＩＤｓを鎮痛薬として服用する場合、出血は危険な副作用になります。心臓発作や脳卒中を予防するためにアスピリンを服用している場合、医師に相談せずにやめたりはしないでください。ＮＳＡＩＤｓを痛み止めに使っている場合、アセトアミノフェン（商品名〈タイレノールＡ〉など）に替えてみてもいいと思います。

▼年を取ってきて、腕や足に小さなあざがひんぱんにできるようになった

おなかの肉とは違い、肌は年とともに確実に薄くなっていきます。血管が表面に近くなり、日々受けるダメージにも敏感になるため、小さなケガでもあざになりやすいのです。これまで陽射しの下にいることが多かった、もしくはステロイドの塗り薬を使ってきたという場合、この変化はさらに早く出てきます。残念なことですが、長袖シャツとパンツを身につけること以外、効果的な予防法はありません。

レベル2 診察を受けたほうがいいケース

▼普通の人とくらべて出血やあざが多く、その頻度《ひんど》も高くなっている

次の項目に当てはまるものがあれば、「**出血性疾患《しっかん》**」の検査を受けたほうがいいでしょう。

- 最近大きなケガをしたわけでもないのに、体全体にひんぱんに大きなあざができる。
- 1週間に数回鼻血が出る。または、鼻血で何回か病院に行ったことがある。
- 生理が非常に重いが、婦人科を受診しても子宮は正常だといわれる。
- 小さなケガの後、関節が腫《は》れたりあざができたりする。
- 抜歯の後で出血が多いと歯科医にいわれる。

初期検査が正常だとしても、「**フォン・ヴィレブランド病**」の検査も受けるべきです。100人中1人に見られる出血性疾患ですが、通常の検査ではわかりません（そしてそのまま見すごされてしまいます）。フォン・ヴィレブランド病の患者が出血したり手術を受けたりする際は、特別な薬が必要になります。

▼生理が重く、よく学校や仕事を休む

202ページに膣《ちつ》出血の対処についてのアドバイスがあるので参照してください。要するに、重い生理は、筋腫《きんしゅ》やポリープなど、子宮内腔《ないくう》の異常から生じていることが多いです。しかし、そうしたものが見つからなければ、「**血液凝固異常**」の可能性が出てきます。

▼抗凝固薬を服用している

抗凝固薬は血栓の予防にはなりますが、当然の副作用として出血が増えます。血栓のリスクと出血のリスクの兼ね合いについて、主治医とよく話し合ったほうがいいでしょう。一般的な抗凝固薬は、354ページの「ちょっと診察」に記載してあります。当然ながら、医師に相談しないで薬の投与をやめたりはしないでください。

▼体がほてり、不正出血している

すぐ産科医の診察を受けてください。膣からの出血は、妊娠関連の疾患の兆候であることが多いです。過剰な出血や、ほかの場所にあざができる場合、血液凝固異常が起こっているかもしれません。たとえば「**HELLP症候群**」は、血栓を作る血液細胞の血小板が異常に激減することで、妊娠後期の出血を引き起こします（HELLPのHは「溶血［Hemolysis］」すなわち赤血球が壊れること、ELは「肝酵素上昇［Elevated Liver enzymes］」、すなわち肝臓が損傷を受け、一部の化学物質が高い値で血中に流れること、また、LPは「血小板減少［Low Platelets］」のことです）。

▼既知の腎疾患や肝疾患がある

腎疾患が進行すると、腎臓は血液を適切に取り入れることができなくなり、血小板と結合する化学物質を放置してしまいます。肝疾患が進行すると、肝臓は適度な量の凝固因子、つまり血小板と共同して血栓を作る化学物質を生むことができなくなります。あざや出血が増えたと気づいたら、医師の診察を受けてください。腎臓や肝臓を稼働させる簡単な方法はありませんが、出血要因を逆行させるための方法を探してもらうことはできます。

▼ここ2〜3週間ないし2〜3ヵ月、何度も下痢《げり》をしている

最初にいっておきますが、なぜずっと下痢を放置していたのですか？　まずは「下痢」の項

（256ページ）を必ず確認し、対策を講じましょう。

原因がなんであれ、長期にわたる下痢のせいで、ビタミンKなどの一部のビタミンを、食べたものからきちんと吸収できていない可能性があります。ビタミンKは肝臓が凝固因子を適切に生み出すために必要です。これが不足すると、出血やあざが生じやすくなります。腸の状態が正常になるまでは、主治医の監視の下、ビタミンKのサプリメントを服用しましょう。

▼皮膚の至るところに小さなあざがたくさんある

広範囲にわたる微小血管の破れが、鉛筆についた消しゴムくらいの小さなあざをたくさん作ることがあります。あざが集まって大きなあざになっているところもあるかもしれません。こうした現象を、医療用語では「**紫斑**《しはん》」と呼んでいます。血液凝固障害、重度の感染症、血管内壁の石灰沈着（進行した腎疾患とともに起こりやすい）、自己免疫《めんえき》疾患など、さまざまな原因が考えられます。できるだけ早く診察を受けてください。病変部に痛みがあったり、高熱が出たりした場合は、救急外来に向かってください。

▼ときどき、2〜3日ないし2〜3週間にわたる出血があり、疲労感や息切れがよく起こる

「**貧血**」かもしれません。体内の血液供給が低下して危険な状態です。体内器官や筋肉が十分な酸素を受けられず、たいして動いていなくても疲れてしまうのです。できるだけ早く診察を受け、出血の原因を突き止めて治療してください。重度の貧血の場合は輸血が必要ですが、それほどでなければ鉄分のサプリメントでよくなります（鉄分は血液細胞の生成に必要な物質で、大きな失血後は値が下がります）。

▼二重関節の持ち主

体の結合組織（関節、皮膚、血管などを含む）に影響を与える、「**エーラス・ダンロス症候群**」と呼ばれるまれな疾患の可能性があります。この疾患の特徴は、体が過剰に柔軟になるということです。たとえば、テーブルに手のひらをついた状態で、小指を垂直に持ち上げることができたりします。体がやわらかい、皮膚がよく伸びる、ひんぱんにあざができる（血管がもろいため）などの特徴があれば、エーラス・ダンロス症候群かもしれません。

▼よく鼻血が出て、唇、舌、指先などに小さな赤い斑点が出る

「**オスラー・ウェーバー・ランデュ病**」または「**遺伝性出血性末梢《まつしょう》血管拡張症**」と呼ばれるまれな疾患かもしれません（こんな長い病名、すらすら読んでもらえるといいのですが！）。体中に膨張したもろい血管が生じ、動脈と静脈の間に短絡《たんらく》が起こります。

よく見られる症状は、ひんぱんな鼻血（1週間に1回、多ければ毎日）、血便などです。唇や舌、指先などに赤い斑点がたくさん出ることも多いですが、これは皮膚表面近くの血管の単なる膨張で起こっているだけです。

▼ビタミンCが不足している

「**壊血病**」なんて病気のことは考えたこともないでしょうが、よくあざを引き起こす病気ですし、興味深い話なのでよく聞いてください。壊血病は、何週間もビタミンCをとらないと起こる疾患で、かつては船乗りや冒険家によく見られました。ビタミンCが多く含まれる食品には、レモン、ライム、イチゴ、芽キャベツ、ブロッコリー、カリフラワーなどがあります（海賊船の食料としては、あまり積まれていないタイプの食品です）。ビタミンCは結合組織（血管と関節を一つにまとめる組織）の生成に必要なため、これが不足するとひんぱんにあざが出るようになります。現在では、主に重度の栄養失調から起こることが多い疾患です。

レベル3 救急外来を受診すべきケース

▼裂傷《れっしょう》を負い、部屋がホラー映画のワンシーンのようになっている

シャンパンのボトルを剣で開けようとでもしたのでしょうか（思ったより難しいものでしょう）。それとも、ボールを使ったジャグリングを卒業し、火のついた短刀を使うことにしたので

しょうか。たいしたケガではないと思っても、血はほとばしりでているし、どうしたらいいかもわからなくなるものです。まずは血液を拭《ふ》き取り、傷口をよく見てください。その後、きれいな水で傷を洗い、止血するために傷口をしっかりと押さえてください。

傷がかなり深い（筋肉か脂肪まで達している）、または傷の範囲が広い（長さにして2・5〜5チセン以上）場合は救急外来に向かってください。その途中も傷をしっかり押さえておくことをお忘れなく。もう少し小さい傷なら、血が止まるまで20〜30分圧迫を続けてください。傷口がぱっくり開いている（ケガをした部位を普通に動かそうとすると傷口が開く）、または出血が何度も再開する場合は縫合が必要です。救急外来に行ってください。傷口が自然にくっつき、出血も止まっているようなら、抗菌薬の軟膏《なんこう》を傷に塗り、包帯を巻いてください。

▼鼻血が出て、鼻を20分つまんだ後でも血が止まらない

鼻を20分続けてしっかりつまんでいれば、ほとんどの鼻血は止まります（「続けてつまむ」というのは、途中で放して様子を見たりしないということです）。止まらない場合は救急外来へ行き、もっと思いきった処置をしてもらうべきかもしれません。鼻スプレーで血管を収縮させる、鼻出血用タンポンを詰《つ》める、鼻出血用バルーンを使う（鼻の穴の中でふくらませ、血管を圧迫して出血部をふさぐ）などの処置があります。

▼尻《しり》から鮮血が出てきた

腸からの出血で死に至ることがあります。便の大半が血液なら、すぐさま救急外来へ向かってください。1~2滴の血液、もしくはトイレットペーパーに赤い筋《すじ》がつく程度なら、そこまで緊急の症状ではありません（詳細は270ジペー参照）。

▼大量に出血し、頭が朦朧《もうろう》として体に力が入らない

失血がゆっくりなら、体が新しい血液を作り、出血の影響を最小限にとどめることもできます。しかし、失血が大量で速いときは、体が追いつけず、血圧が下がり始めます。朦朧感、めまい、体に力が入らないなどの症状が生じ、特に立ち上がったときが顕著です。気を失う前に助けを求めてください。

ちょっと診察　抗凝固薬

血栓は、ダメージを受けた血管の漆喰代わりになるとはいえ、この漆喰があるべきではないところにあったりすると、災難につながることがあります。たとえば、心筋に血液を供給する動脈

に小さな血栓ができると、心臓発作が起こります。また、脳に血液を供給する動脈に小さな血栓ができた場合も、しばしば脳卒中につながります。さらに、足や骨盤に血栓ができると、これが肺に移動して、心臓に戻ろうとする血流を阻害することがあります（「肺塞栓《そくせん》症」と呼ばれる疾患です）。

心臓発作や脳卒中が起こると、血小板（血栓を作る血液細胞）の機能を部分的に阻むためにアスピリンが処方されます。心臓発作の場合は、さらに血小板の機能を低下させる別の薬、たとえばクロピドグレル（商品名〈プラビックス〉など）、プラスグレル（商品名〈エフィエント〉）、チカグレロル（商品名〈ブリリンタ〉）なども投与することになると思います。

足や肺に大型の血栓ができたら、強力な抗凝固薬で血栓がこれ以上大きくなることを防ぎ、時間をかけて溶解させます。前述のアスピリンやほかの薬とは違い、抗凝固薬は血小板ではなく凝固因子と呼ばれる化学物質をターゲットにします。抗凝固薬は、心房細動と呼ばれる不整脈に対して投与することもよくありますが、心臓内に血栓ができるリスクが上がります（これが脳に移動して脳卒中を引き起こします）。人工心臓弁を入れている人にも、血栓防止のための抗凝固薬が必要です。

長年の間、効果のある抗凝固薬はワルファリンだけだといわれていました。血栓防止に非常に効果的ですが、個々の患者に適した投与量を予測するのが難しい薬です。そのうえ、ビタミンKが豊富な食品（葉物野菜、ブロッコリー、キャベツなど）を食べた後に服用すると効果が薄れるという弱点があります。このため、ワルファリンを服用する患者は定期的に凝血機能の検査を受け、必要に応じて投与量の調整を行います。

最近、さまざまな条件においてワルファリンと同じくらいの効用があり、モニタリングも必要なく、一般的な食品との相互作用もない薬がいくつか出てきました。リバーロキサバン（商品名〈イグザレルト〉）、ダビガトラン、アピキサバン（商品名〈エリキュース〉）などの薬がそうです。これを書いている現在までにわかっているこれらの大きな欠点は、患者が大量出血を起こしたとき、その効用を逆行させるのが難しいということです。これに加え、人工心臓弁のために抗凝固薬が必要な人にとっては、これらの薬の効果はそこまで強力とはいえません。

おわりに

マーク・アイゼンバーグ（コロンビア大学医療センター准教授）、
クリストファー・ケリー（コロンビア大学付属NYプレスビテリアン病院循環器内科医）

　自分の症状にマッチするものを見つけることもなく、ここまでたどりついたのですね。おめでとうございます！　できるだけ長くその健康状態を楽しんでください。ただ、「念のために毎年病院に行くべきかもしれない」とは考えたかもしれません。結局のところ、こうした本が身体検査をするわけでも、血液を採取してくれるわけでもありません。まだ症状が出ていないだけで、体内ではなんらかの問題が、ふつふつと煮詰《つ》まっているところなのかもしれません。

▼65歳未満の読者へ

　年に1回の（あるいは定期的な）健康診断は、特に薬を服用しているのでないかぎりは多すぎるかもしれませんが、すべての成人が一般的な疾患《しっかん》の検査を受ける習慣をつけたり、最新のワクチンを接種したりすることは大事なことです。

　たとえば、最低でも3年に1回は、総合医のもとで診察を受け、高血圧、高脂血症、糖尿病など、心臓発作や脳卒中につながるような状態がないかどうかを調べてもらうべきです。こうした状態は、しばしばなんの症状も引き起こさないことがあり、検査でしか感知できません。もしあなたが競技スポーツやきつい運動を始めたら、医師は心疾患を調べるための質問も追加してくれるでしょう。また、食生活、体の安全、うつ、不安、薬物依存、家庭内暴力などの問題についても、定期的に話し合うことができます。さらに、たとえリスク要因がないとしても、最低でも一生のうち1回は、ＨＩＶ（ヒト免疫《めんえき》不全ウイルス）感染の有無を調べるべきです。

あなたが女性なら、2〜3年に1回は婦人科の診察も受けましょう。性行動が活発なら、クラミジアや淋病《りんびょう》などの性感染症は必ずしも症状が出るわけではないので、定期的に調べるべきです。子宮内避妊器具などの避妊の手段も、産科医から提供してもらえます。さらに、子宮頸《けい》がんの検査のため、定期的に細胞診検査を受ける必要があります（がんの検査については後述のリストを参照）。

一定数の人々は、個々の健康問題に関する定期的なカウンセリングを受ける必要があります。たとえば、男性とセックスしている男性は、依然としてＨＩＶやさまざまな性感染症に罹患《りかん》するリスクが平均よりも高いため、よりひんぱんな検査が必要です。さらに、ＨＩＶ感染のリスクが本当に高いグループ（ＨＩＶ陽性のセックス・パートナーがいる人、いつもコンドームを使わずに男性どうしのセックスをしている人など）は、感染予防（治療ではなく）のための抗ＨＩＶ薬を投与するといいかもしれません。

年を取ってきたら、さまざまな種類のがんの定期検査を受ける必要が出てきます。こうした検査の目的は、治療可能なステージのがんを早期発見することです。当然ながら初期のがんは症状が出ないため、体調がよくても検査をしなくていいということにはなりません。

・子宮頸がん

20歳以上の女性は、最低でも3年に1回は細胞診検査を受けるようにしてください。30歳以降は、細胞診検査とＨＰＶ（ヒトパピローマウイルス）検査を受け、結果がすべて正常であれば、5年に1回の検査で大丈夫です。

・乳がん

40歳か50歳から、1～2年に1回のマンモグラフィ検査を受け始めましょう。１９４ページも参照してください。

・大腸がん

初めての大腸内視鏡検査は、40歳を超えて間もなく、その後は最低でも10年に1回のペースで受けるべきです。２７６ページを参照してください。一部の人々は、40歳になる前にこの検査を始めたほうがいいと思います。家族に大腸がんの病歴がある人は、早めに定期的な検査を受け始めましょう。

・肺がん

50歳以上でヘビースモーカーの経歴がある人（現在も吸っているかどうかに関わりなく）は、主治医に相談して肺がんの検査を受けましょう。こうしたタイプの検査は比較的新しいものですが、より一般的になりつつあります。

・前立腺《せん》がん

男性は主治医と検査の相談をしてください。検査を受けることが必ず有益とはいえませんが、あなたのリスク因子が検査を必要とする場合もあります。

・皮膚がん

色が白い、もしくはたくさんのほくろがある人は、30歳か40歳になったらメラノーマ（悪性黒色腫《しゅ》）の全身検査を受け始めてください（330ページ参照）。1～3年ごとに検査を受ける必要があります。

最後に、40歳以上のすべての人には、弁護士と相談し、医療についての事前指示書を作成しておくことをおすすめします。この指示書は、あなたが自分で話ができなくなったときに備え、医療処置に関するあなたの希望を記述しておくものです。あなたが重病になり、有意義な回復が見込めない場合、生命維持を続けるか（病院ではしばしば判断が難しい問題です）などについてのあなたの見解を、この書類で扱います。難しいことではありますが、「生命維持」「見込めない」「有意義な」といった言葉を、あなたがどう考えているかを正確に定義する必要があります。正解というものはありませんが、あなたの愛する人々が後になって驚いたりしないよう、自分の意見を話し合っておきましょう。

また、医療判断の代理人を指定し、指示書に記載していない問題について、あなたの代わりに判断を下す権限を法的に与えるようにします。代理人を指定していなければ、通常は自動的に配偶者、成人した子ども、親が任されます。

▼65歳以上の読者へ

たとえ全般的に健康であっても万全を期して、最低でも1年に1回は内科医の診察を受けましょう。前述の検査の大半は続ける必要があり、なおかつ晩年期に関わるいくつかの追加検査(聴覚、視覚、記憶、骨密度、転倒リスクなど)を始めましょう。

また、前の項目で述べたような事前指示書の作成や医療判断の代理人の指定も、さけられないものになってきます。残念なことですが、すでにコミュニケーションできず危険な状態にある患者が、自分の望みをあらかじめ明確にしていなかったせいで、家族が大きな争いになる場面を、私たちは何度も見ています。

年齢のせいで深刻な疾患のリスクが高まるため、近所の医療施設について調べておくことも必要になります。最終的に病院でのケアが必要になったとき、当てずっぽうに選ぶようなことはしたくないと思います。病院の質や安全性について情報を集めておくといいでしょう。

著者略歴

▼マーク・アイゼンバーグ（医学博士）

コロンビア大学医療センター准教授、コロンビア大学付属NYプレスビテリアン病院指導医。臨床循環器内科医。1995年にコロンビア大学医科大学院で医学博士号を取得し、思いやりと慈悲を体現した医学生に贈られる「マイケル・H・アラナウ記念賞」を受賞した。コロンビア大学付属NYプレスビテリアン病院で研修医、専門研修医（循環器内科）を務めた。米国心臓病学会フェロー。NYシティ在住。

▼クリストファー・ケリー（医学博士、外科学修士）

コロンビア大学付属NYプレスビテリアン病院循環器内科医。コロンビア大学医科大学院で医学を学び、卒業生総代を務め、コロンビア大学公衆衛生大学院で生物統計学の理学修士号を取得。コロンビア大学付属NYプレスビテリアン病院で研修医を務め、現在は専門研修医（循環器内科）。『The New England Journal of Medicine』などの一流医学刊行物で学術論文を発表している。NYシティ在住。

監修者・訳者略歴

▼福井次矢（監修者）

聖路加国際病院院長。1976年京都大学医学部卒業。聖路加国際病院にて研修後、コロンビア大学付属セントルークス・ルーズベルト病院実験心臓病学、ハーバード大学付属ケンブリッジ病院内科に留学。1984年ハーバード大学公衆衛生大学院修了。帰国後、国立病院医療センター（現・国立国際医療研究センター）循環器内科、佐賀医科大学総合診療部教授、京都大学医学部附属病院総合診療部教授、京都大学大学院医学研究科臨床疫学教授を歴任し、2005年から聖路加国際病院院長。京都大学名誉教授。著書に『今日の治療指針 私はこう治療している』（医学書院）、『新赤本 第六版 家庭の医学』（保健同人社）など多数。

▼府川由美恵（訳者）

翻訳家。明星大学通信教育部教育心理コース卒業。主な訳書に、『探偵コナン・ドイル』『ダラスの赤い髪』（以上、早川書房）、『世界一長寿で幸せな村 イタリア ピオッピ式 最高の長生き術』（わかさ出版）、『脳が読みたくなるストーリーの書き方』（フィルムアート社）など多数。

編者略歴

▼エイミー・アトクソン（医学博士）

コロンビア大学付属NYプレスビテリアン病院心肺睡眠通気障害センター臨床医学科助教。イェール医科大学院で医学博士号取得。コロンビア大学付属NYプレスビテリアン病院にて研修医を務め、肺疾患、救急診療、睡眠医学の研修のためにコロンビア大学に在籍。臨床専門分野は睡眠時呼吸障害で、神経筋疾患患者の非侵襲的換気療法の研究を行っている。

▼ブライアン・J・ウィン（医学博士）

コロンビア大学医療センター眼科助教、眼形成・眼窩《がんか》外科術サービス部門長。コロンビア大学医科大学院で医学を学び、カリフォルニア大学サンフランシスコ校で研修医、シアトルで専門研修医（眼形成外科）を務めた。研修プログラムや医学生教育を監督し、眼科診療の質や患者の安全を管理している。専門分野は、まぶた、涙腺《るいせん》、眼窩の障害管理のほか、顔の美容若返り術など。腸の微生物叢《そう》と目の炎症のつながりについて研究している。

▼ジェイソン・A・モチェ（医学博士）

形成再建外科、頭頸《とうけい》部外科認定専門医。ワシントン大学で緊急気道確保術の外科的シミュレーション・プラットフォームを共同開発し、成績優秀者として卒業。マウント・サイナイ医科大学で医学博士号取得。メリーランド大学のショック外傷センターで頭頸部外科の研修医を務め、セントルークス・ルーズベルト病院で頭蓋《ずがい》及び顔面形成再建外科の専門研修医となった。専門は美容整形再建術、内視鏡下副鼻腔《くう》・頭蓋底外科術、耳鼻咽喉《いんこう》疾患全般。米国外科学会フェロー。

▼アレン・チェン（医学博士、公衆衛生学修士）

NYプレスビテリアン・アレン病院ダニエル・アンド・ジェーン・オーク脊椎《せきつい》病院理学療法部門長、コロンビア大学医療センターリハビリテーション再生医学科臨床助教。理学療法、リハビリテーション、疼痛《とうつう》医学の認定専門医。カリフォルニア大学ロサンゼルス校で公衆衛生学修士号、ニューヨーク大学で医学博士号を取得。米国理学療法リハビリテーション学会フェロー。

▼ティモシー・リンツ（医学博士）

コロンビア大学医療センター産婦人科助教、婦人科専門外科部門の月経障害プログラム監督者。専門は腹腔鏡・ロボット外科術。社会的弱者支援の唱導者で、家族計画やトランスジェンダー医療に献身し、全米家族計画連盟とともに10年以上にわたる奉仕活動をしている。米国産婦人科学会フェロー。

▼ベンジャミン・レブウォール（医学博士、外科学修士）

コロンビア大学付属NYプレスビテリアン病院胃腸病学部門医学・疫学《えきがく》科助教。2003年にコロンビア大学医科大学院で医学博士号を取得。コロンビア大学で研修医を務める。コロンビア公衆衛生大学院で生物統計学の修士号を取得。コロンビア大学セリアック病センターを拠点に、セリアック病の疫学、治療、自然史などの分野において、米国内外の機関と共同研究を行っている。米国胃腸病学会研究者賞受賞者（2014～17年）。ストックホルムのカロリンスカ研究所の共同研究者として、セリアック病の集団ベース研究を実施している。

▼ニコラス・モリッシー（医学博士）

コロンビア大学医療センター外科／血管外科准教授。臨床研究の分野は末梢《まっしょう》血管疾患全般。診療を行うかたわら、臨床研究、医学生や研修医の指導にも当たっている。コロンビア大学外科部門コンプライアンス監督長も務める。米国陸軍予備軍医療隊の任務にもついたことがあり、中佐として退役した。米国外科学会フェロー。

▼アンカ・ディヌ・アスカネース（医学博士、公衆衛生学修士）

コロンビア大学付属NYプレスビテリアン病院リウマチ医。コロンビア大学狼瘡《ろうそう》治療センター創設者・理事であり、リウマチ臨床試験監督者。ニューヨーク大学でリウマチ医としての訓練を受け、同大医学部で15年以上にわたり、臨床試験の監督、研修医の指導、自己免疫疾患《しっかん》の難症例の治療に当たった。つらい疾患に苦しむ患者により上質なケアを提供するため、患者と医師の両方の観点から疾患の理解に努めるための研究に取り組んでいる。

▼リンジー・ボードン（医学博士）

コロンビア大学付属NYプレスビテリアン病院皮膚科助教。ラトガーズ大学医科大学院で医学の博士号を取得。コロンビア大学医療センターの皮膚科部門でメラノーマの専門研修医となり、セントルークス・ルーズベルト病院の内科で2年、皮膚科で3年の研修期間を過ごした。米国皮膚科学会フェロー。

コロンビア大学准教授ほか名医11名が教える

症状で見分ける家庭医学事典

重症度の判定法と対処法

2020年8月12日　第1刷発行

著者　マーク・アイゼンバーグ、クリストファー・ケリー
監修者　福井次矢
訳者　府川由美恵

デザイン　菊池崇（ドットスタジオ）
本文組版　久保寺光恵（ミアース）
編集　須賀藍子（わかさ出版）

発行人　山本周嗣
発行所　株式会社文響社
〒105-0001 東京都港区虎ノ門2－2－5
共同通信会館9階
ホームページ　https://bunkyosha.com
お問い合わせ　info@bunkyosha.com
印刷・製本　中央精版印刷株式会社

ISBN 978-4-86651-292-1

本書は、専門家の監修のもと安全性に配慮して紹介していますが、本書の内容を実践して万が一体調が悪化する場合は、すぐに中止して医師にご相談ください。また、疾患の状態には個人差があり、本書の内容がすべての人に当てはまるわけではないことをご承知おきのうえご覧ください。

この本に関するご意見・ご感想をお寄せいただく場合は、郵送またはメール（info@bunkyosha.com）にてお送りください。